Albert Espinosa
El Universo amarillo

Albert Espinosa

El Universo amarillo

LA LUZ SIEMPRE VUELVE
SI ESPERAS LO SUFICIENTE

Grijalbo

Papel certificado por el Forest Stewardship Council®

Primera edición: marzo de 2025

© 2025, Albert Espinosa Puig
© 2025, Penguin Random House Grupo Editorial, S. A. U.
Travessera de Gràcia, 47-49. 08021 Barcelona
© 2025, Vero Navarro, por las ilustraciones

Penguin Random House Grupo Editorial apoya la protección de la propiedad intelectual. La propiedad intelectual estimula la creatividad, defiende la diversidad en el ámbito de las ideas y el conocimiento, promueve la libre expresión y favorece una cultura viva. Gracias por comprar una edición autorizada de este libro y por respetar las leyes de propiedad intelectual al no reproducir ni distribuir ninguna parte de esta obra por ningún medio sin permiso. Al hacerlo está respaldando a los autores y permitiendo que PRHGE continúe publicando libros para todos los lectores. De conformidad con lo dispuesto en el artículo 67.3 del Real Decreto Ley 24/2021, de 2 de noviembre, PRHGE se reserva expresamente los derechos de reproducción y de uso de esta obra y de todos sus elementos mediante medios de lectura mecánica y otros medios adecuados a tal fin. Diríjase a CEDRO (Centro Español de Derechos Reprográficos, http://www.cedro.org) si necesita reproducir algún fragmento de esta obra.
En caso de necesidad, contacte con: seguridadproductos@penguinrandomhouse.com

Printed in Spain – Impreso en España

ISBN: 978-84-253-6872-1
Depósito legal: B-609-2025

Compuesto en Comptex&Ass., S. L.

Impreso en Gómez Aparicio, S. L.
Casarrubuelos (Madrid)

GR 6 8 7 2 1

*Dedicado a todos los amarillos
que he conseguido en esta vida.
Los que he perdido y los que continúan a mi lado.
Vosotros habéis hecho de mí lo que soy*

*Dedicado también a todos los Leones y las Leonas,
esos lectores que siempre leen con voracidad
todo lo que escribo y son mi faro de felicidad*

La vida es amarilla: AMAR Y YA

Tal vez la felicidad sea esto: no sentir que debes estar en otro lado, haciendo otra cosa, siendo alguien más.

Isaac Asimov

Pregúntate si lo que estás haciendo hoy te acerca al lugar en el que quieres estar mañana.

Walt Disney

Prólogo

Han pasado diecisiete años desde que escribí *El mundo amarillo. Si crees en los sueños, ellos se crearán.* No sé cuántas veces me han preguntado si habría una segunda parte. Siempre creí que no la escribiría, aunque volví a acercarme al concepto con *Estaba preparado para todo menos para ti*, un libro para que puedas engancharte a la vida si te has soltado momentáneamente.

El mundo amarillo fue un éxito increíble: es mi libro más vendido y se ha traducido a más de cuarenta idiomas, un logro que no deja de sorprenderme. El éxito siempre te pilla desprevenido, y me sigue alegrando cada vez que se programa una nueva traducción o alguien me pide que sea su amarillo. Esa es la verdad.

Pero antes de que el libro llegara a su mayoría de edad y se convirtiera en un adulto con todas las de la ley, pensé: «¿Por qué no darle un hermanito?».

Esta es la segunda parte que tanto me habéis pedido y que no deja de ser una actualización y mejora de *El mundo amarillo*. La sociedad ha cambiado en muchos aspectos, todos somos ahora más inteligentes, y el concepto «amarillo» ha evolucionado, así que quizá tocaba hacer una renovación que incluyera todas las preguntas que me habéis planteado durante estos años sobre este bello concepto.

De alguna manera, es como darle al término «amarillo» un libro propio y separarlo del que lo vio nacer y que contenía, sobre todo, mis enseñanzas respecto a mi lucha contra el cáncer.

Creo que los amarillos se han hecho tan grandes como merecían. Cuando un hijo se convierte en adulto, necesita independizarse, y esto es lo que ha pasado con los amarillos y las bellas ilustraciones que forman parte de su mundo.

Tenía que ser un libro ilustrado. Ese amarillo bello que veis por todas partes, que lo inunda todo, no deja de ser una obra maestra de Vero Navarro, compañera y amarilla inseparable de todas mis obras.

¿«El universo amarillo», «El mundo amarillo 2», «Más mundo amarillo», «Busca a tus amarillos» o «¿Quieres ser mi amarillo?»? Esos son los títulos que tengo en la cabeza, y aún no he decidido cuál utilizaré. Tú ya sabes cuál he elegido porque has comprado el libro, pero no cambiaré este párrafo para poner el definitivo.

Lo que tengo claro es que el subtítulo debe ser «La luz siempre vuelve si esperas lo suficiente». Fue una frase que apareció en mi libro *Vuelve a amar tu caos y el roce de vivir*, y que me tiene enamorado porque creo que es lo que refleja este mundo cíclico donde nunca puedes estar seguro de qué será de ti ni de tus emociones. Por ello, yo siempre recomiendo que esperes: el tiempo te vuelve a dar esa luz que perdiste o se apagó momentáneamente y que seguramente llegará de la mano de nuevos amarillos.

Y es que los amarillos son los cargadores universales de personas, seres que te dan batería instantánea con el simple contacto, y hasta con la lejanía, por su existencia en tu universo.

En *El mundo amarillo*, los amarillos ocupaban poco espacio, unas treinta y pico páginas, pero no cabe duda de que constituyen una de las partes más importantes del libro, y por eso pensé que podía escribir otro sobre cómo encontrar a tus amarillos, bueno, mejor dicho, sobre cómo buscarlos o dejar que te encuentren y todas las ventajas e inconvenientes que surgen en ese bello proceso de vivir en el mundo amarillo.

También deseaba hablar sobre perder amarillos, qué te pueden dar, qué no te pueden ofrecer, cómo afrontar la muerte de alguno de ellos, cómo superar que te falten al respeto, te fallen o te engañen y lo maravillosa que puede ser la vida a su lado si todo va bien. No traté esas cuestiones en *El mundo amarillo* y creo que ya tocaba afrontarlas.

Además, quería incluir algunas de las preguntas que me habéis mandado por e-mail o por las redes durante estos años, y contestarlas.

De alguna manera, me siento responsable de haber creado a los amarillos y, como padre de ese concepto tan maravilloso, deseo dar respuesta a vuestras dudas.

En este mundo que cada vez se vuelve más extraño y en el que solo confío en amarillos, pensé que ya era hora de volver a hablar de ellos y de sus variantes —perlas, diamantes, voleadores, piedras de un mismo cristal, cerebros suplementarios y cascabeles—, de todos los tipos y variaciones de amarillos que han aparecido en mis obras, y juntarlos en uno.

Puede que encuentres párrafos que hayas leído en otros libros míos, pero todos están actualizados y modificados, porque el mundo gira y debes girar con él; si te quedas quieto, te arrolla.

Deseo que disfrutes con esta segunda parte de *El mundo amarillo*, o de su independencia. Yo la necesito, no sé si para reafirmarme en esos amarillos o para recargarlos. Lo que es seguro es que necesito volver a sentirlos y que sigan inundando mi mundo antes de que cumplan los dieciocho años.

Ojalá regales este libro a todos tus amarillos y que el título sea una presentación de tus intenciones y de la pregunta que quieres plantearles.

Creemos un ejército de ese color que nos ayude con cualquier problema, nos aporte felicidad y nos recuerde qué es lo importante en la vida.

Pero antes de empezar a hablarte de ellos, después de este prólogo, me gustaría incluir el poema que creé y apareció hace años en *El mundo azul*. *Ama tu caos*, y que he versionado porque tiene que ver con la razón por la que buscamos amarillos.

Creo que en este libro por fin tendremos junta toda la filosofía amarilla y espero que sea una obra especial a la que podáis volver en momentos en los que deseéis que vuestra vida siga siendo amarilla.

Te quiero mucho, lector mío. Espero que pronto podamos volver a hacernos esa pregunta tan importante:

¿Quieres ser mi amarillo?

Albert Espinosa
Barcelona, febrero de 2025

LOS DIEZ «BASTA» QUE SE NECESITAN PARA VIVIR EN ESTE MUNDO Y CONVIVIR CON TU CAOS AMARILLO

Basta de justificarse con palabras.
Basta de sufrir por lo que piensan los otros.
Basta de tratar diferente a la gente,
nadie es más que nadie.
Basta de jugar con reglas que
no creaste ni comprendes.
Basta de correr, de ir con prisa, porque el
presente es donde estás en ese justo instante.
Basta de aspirar a ser el mejor.
Basta de la tiranía de los débiles.
¡Basta, basta, basta!

Sé amarillo,
busca a tus amarillos, déjate encontrar por ellos,
y los bastas se desarmarán al instante.

La vida es amarilla,
es
AMAR
Y
YA.

LA VIDA ES AMARILLA:

AMAR

Y

YA

A veces cierro los ojos y vuelvo a ser aquel niño con cáncer que estaba en una habitación de hospital y lo tenía todo en contra para sobrevivir. Ya había descubierto a los amarillos y la vida amarilla, y me agarré con fuerza a esos desconocidos que te cambian la vida.

Siempre intento volver a ese momento de tanta fuerza, cuando mi vida dependía en parte de mi energía personal diaria y en el que era un niño que luchaba por su destino.

Tuve la suerte de que una madre hospitalaria, y casi centenaria, me hablase del mundo amarillo, de los amarillos, y de crear conceptos nuevos que me ayudasen a vivir en este mundo extraño y complicado que puede acabar con tu autoestima y tus sueños si no sabes redefinirlo.

Este libro sobre los amarillos intenta ser un pasaporte hacia la felicidad. Mi madre hospitalaria decía: «La vida es amarilla: amar y ya. No hay más. Si no amas el mundo, olvidarás el sentido del mundo».

Ella me habló de los no graduados emocionalmente, los que necesitan dioptrías para el alma, para la bondad, para la inteligencia e incluso para ser humanos.

Tropezamos a diario con esos no graduados emocionalmente. Si les damos valor, importancia, transformarán nuestra energía de modo que veremos el mundo con sus dioptrías y no entenderemos qué nos pasa. Nos marearemos, nos agotaremos y acabaremos agotados y con ansiedad.

Es como cuando no te sale una palabra o un nombre y alguien que está contigo te la dice, o quizá seas tú quien la encuentre. Solo repasa el abecedario mentalmente en tu cabeza, y la letra con la que empiece la palabra olvidada se iluminará en tu cabeza y darás con el nombre o la palabra que no encuentras. No falla jamás; tu cabeza siempre te ayudará, no necesitas más que darte tiempo para encontrar lo que olvidaste.

Ella me explicaba todo eso, y también me contó que existían amarillos intensos creados para ti, personas que brillan, que te devuelven la luz si esperas lo suficiente, y que los necesitas porque alguien los puso en tu camino para que recuperases tu esencia.

Buscar amarillos es lo mejor del mundo. Lo puedes compaginar con la familia, con los amigos, con la pareja… Si no tienes amarillos, siempre sentirás que te falta algo.

Los amarillos no te mentirán jamás. No tienen por qué hacerlo. Son fieles, tienen una energía estable eterna, y te darán apoyo esas noches en las que no duermes o aquellas en las que te reinventas.

Dar a los no graduados emocionalmente el poder de tu vida, que sus «sí» o sus «no» te condicionen, es tan absurdo… Que no te amen o que no te deseen, que te echen de un trabajo o que no te concedan un crédito… En realidad, siempre he visto ese «sí» o ese «no» como la expresión inglesa «*so…*», una mezcla entre sí y no, porque ni los «sí» llevan a la felicidad ni los «no» llevan al pozo. Si sabes relativizar ambos polos, todo es una continuación, una puerta entreabierta. Ese «*so…*» viene a decir: «Ahora te contaré lo siguiente, espera un segundo, que voy a atravesar otra puerta entreabierta».

Nunca des poder a los no graduados emocionalmente. No te enfades con ellos, no los odies. Encuentra amarillos.

No te marques objetivos, porque al final descubrirás que el éxito es el mayor de los fracasos. Pero obtener un solo amarillo, uno de verdad que quiera serlo para ti, es el mayor premio que te tocará en la vida.

Esto último que te escribo en este capítulo inicial no pretende ser un *spoiler*. Te lo susurro: hagamos lo que hagamos en la vida, equivocado o acertado, dentro de cien años todos estaremos muertos. Lo sabía en aquella cama de hospital y lo sigo sabiendo ahora. Por lo tanto, jamás te servirá de nada seguir las reglas, las palabras o las relaciones estándares que inventaron los que ya se fueron; tampoco a ellos les sirvió.

Yo solo creo en la vida amarilla, en el mundo amarillo y en los amarillos. Y este libro contiene todo lo que sé sobre ellos.

Si te adentras en este mundo, encontrarás anclajes para ser feliz y sentirte completo.

En esta vida en la que perdemos el tiempo viendo y escuchando lo que crea un algoritmo que cree conocernos, deberíamos volver a ser lo que somos, y lo podremos lograr gracias a los amarillos.

Si logras veintitrés amarillos, eres afortunado; si consigues uno, también.

Descubrirás que «caos», «no graduados emocionalmente» y «amarillos» son conceptos muy importantes para construir el mundo, como lo es la grieta fucsia, esa separación entre la verdad y la mentira, entre la justicia y la injusticia; esa grieta que ves cuando alguien te cuenta algo que le ha pasado y que luego es rebatido por otra persona involucrada en la discusión; esa grieta que puede salvarte si aprendes a verla. Siempre he creído que los que saben rellenar con acierto la grieta fucsia viven más felices, porque son empáticos y se dan cuenta de lo que ambas partes omiten para no tener que desnudar del todo la verdad o la mentira.

No me alargaré más. Deseaba comenzar con todas las palabras clave de la vida amarilla. Ojalá este libro te sirva de apoyo cuando te sientas extraviado, notes que no tienes a nadie a tu alrededor, creas que te falta contacto con la realidad, pienses que no amas tu caos o que has perdido amarillos, cuando no veas la grieta fucsia y olvides que la vida es amarilla: amar y ya.

Cree en los amarillos. Si crees en los sueños, ellos se crearán, como decía en *El mundo amarillo*, pero también te crearán.

Y un último consejo: debes amar ese algo único que es tuyo, que forma parte de tu caos, pero si su poder te acaba doliendo, tendrías que ser capaz de desenchufarlo en momentos largos de tu existencia. Son lo que yo llamo «esclavirtudes». Una virtud que pesa, una virtud caos puro que te acaba doliendo porque eres su esclavo.

Puede que ames demasiado a los no graduados emocionalmente, que aceptes el dolor porque es lo que te enseñaron, que no te concedas tiempo, que trabajes en exceso, que seas puntual hasta olvidarte de vivir, que no busques jamás lo que perdiste o que dejes que algún lobo te aceche y te robe la luz. Algunas virtudes que amamos en los otros nos consumen. Abandona parte de esa *esclavirtud* para volver a ser tú.

Siempre hay algo nuestro que es una virtud y forma parte de nuestro caos, pero que nos duele y nos pesa en demasía, y la gente lo usa o nos debilita. Esas *esclavirtudes* debemos conocerlas, entenderlas, son un talón de Aquiles. No es que sean nocivas ni letales, pero debemos saber modificarlas o graduarlas a nuestro gusto hasta lograr que no sean nada pesado ni doloroso en nuestro día a día.

Dómalas, úsalas solo con los amarillos y escóndelas de los no graduados emocionalmente. Ese es mi consejo.

LOS AMARILLOS

Los amarillos nacieron como concepto por la necesidad de encontrar una palabra que los diferenciara claramente de los amigos porque, a pesar de que tengan semejanzas, realmente son otra cosa.

En el hospital encontré a mis primeros amarillos, aunque en aquella época no sabía que lo eran. Pensaba que eran amigos, almas gemelas, personas que me ayudaban o ángeles de la guarda.

No acababa de entender cómo era posible que un desconocido, que hasta hacía dos minutos no formaba parte de mi mundo, se hubiera convertido tan pronto en imprescindible para mí, me entendiera más que nadie y me ayudara de una manera tan profunda a sentirme comprendido e identificado.

Sin pretenderlo, lo que acabo de contar podría ser la primera definición de amarillo que creé, y con ella quería comenzar este capítulo.

Nunca he comprendido que el concepto de la «amistad» no haya evolucionado. A veces leo libros que hablan de la Edad Media, del Renacimiento o de principios de siglo XX, y un amigo siempre es un amigo, no ha cambiado con los años: es alguien incondicional a quien se le dedican libros, que recita palabras en tu entierro o aquel con quien te vas de copas o a quien le cuentas secretos. Los amigos siempre han sido amigos y su definición es bastante parecida en todas las épocas, incluida la actual, y la amistad requiere fidelidad y tiempo en su construcción.

En cambio, durante todos estos siglos, el mundo de la pareja y la familia sí que han evolucionado. La forma de relacionarse de una pareja o de un núcleo familiar en la Edad Media no se parecía en nada a la actual. Los roles, las costumbres, todo ha evolucionado, hasta el punto de que tanto la idea de pareja como la de familia que tenemos ahora dejaría atónitos a nuestros antepasados. Y el amor ha cambiado también en gran medida debido al teatro, la televisión o el cine. La forma de amar que nos muestran es la que contagia a cada década, y somos un reflejo de lo que nos muestran.

Sin embargo, con la amistad parece que nada haya evolucionado. El concepto de «amigo» y el rol del amigo se basan en la honestidad o la cercanía que sientes con esa persona a la que ves a menudo porque pertenece a tu círculo diario.

Pero, para mí, sí ha cambiado. En esta época tecnológica en la que vivimos, las redes sociales lo han capitalizado todo, han transformado el modo de comunicarnos, hablarnos e ignorarnos, y el concepto de «amistad» ha explosionado.

Creo que, además, ahora es imposible mantener el contacto con los amigos de la misma manera que lo hacíamos en décadas anteriores. Todo el mundo pierde amigos cada año, y las excusas son muy variadas: «Vivimos en países distintos», «Cambió de trabajo y ya no nos vemos», «Entre la familia y el trabajo, no me sobra tiempo para quedar», «Hablamos por WhatsApp, veo sus estados, y con eso mantenemos el contacto», «Bueno, solo éramos amigos del colegio»…

Como ves, perder a un amigo siempre está relacionado con dejar de verse o no mantener el contacto por culpa de un montón de excusas.

Y es que los amigos son personas que se ven muchas veces en la vida de manera continua. Eso parece primordial; la fidelidad en forma de tiempo es básica, tener a esa persona al alcance de la mano y poder quedar con ella.

¿Puedes ser amigo de una persona con la que apenas hablas ni quedas nunca? En teoría, según el concepto de lo que llamamos y hemos llamado siempre «amigo», no es posible. Pero solo en teoría, porque todos tenemos personas a las que vemos muy poco, pero sentimos que son más que amigos porque nos une algo difícil de explicar que nos da mucha felicidad, o personas a las que vemos mucho y las tenemos siempre al lado, pero necesitaríamos otra palabra para definirlas por lo que depositan en nosotros.

Es decir, están los amigos tradicionales, que no digo que quiera extinguirlos: yo los tengo, es bello que estén cerca y que puedan ayudarnos. Pero luego hay otra gente que escapa a esa definición por las pocas veces que los vemos al año o por la intensidad física o mental de lo que nos aportan.

Y un día lo vi claro.

Había que buscar una palabra que englobara al pequeño número de personas a las que ves poco, te ofrecen mucho, sientes cerca y te dan vida. Y esa palabra era AMARILLO.

Los amigos te dan amistad, los amores te dan pasión, sexo o amor, y los amarillos te lo dan todo.

Curiosamente, los términos «amor», «amistad» y «amarillos» comienzan por «am—». No, no es casualidad, estoy seguro de que la raíz «am—» significa algo, algo que da cosas y que necesita el ser humano para sobrevivir. Siempre he creído que las casualidades son como subrayados para que sepamos que debemos fijarnos en algo. Y eso son los amarillos. AMAR Y YA. No hay más, solo eso.

Quizá te estés preguntando si creo que los amarillos son los sustitutos de los amigos. La respuesta es NO. Jamás. Los amigos tradicionales, como todos los conocemos, siguen existiendo y debemos conservarlos y cultivarlos. Repito: no los quiero extinguir.

Lo que propongo es un nuevo escalafón, un nuevo concepto: los amarillos. Estoy convencido de que todo el mundo tiene amarillos, pero aún no existía una palabra que los definiera. Estoy seguro de que los amarillos han existido siempre, también en esos siglos pasados de los que hemos hablado antes, pero me da la sensación de que se los metía en el cajón de sastre de los amigos o, en ocasiones, un amarillo se convertía en un amor o en el amigo más íntimo.

El amarillo, para entendernos y no darle más vueltas, está entre el amor y la amistad, por eso muchas veces se confunde con estos dos términos. Se acerca a la amistad, pero roza el amor.

Para que quede claro antes de pasar al siguiente capítulo, me gustaría dar una definición de amarillo que englobe lo que te he explicado hasta ahora:

AMARILLO: Dícese de aquella persona especial en tu vida. Los amarillos se encuentran entre los amigos y los amores. No es necesario verlos a menudo o tener contacto con ellos, aunque verlos mucho o mantener un contacto continuo no los hace menos amarillos.

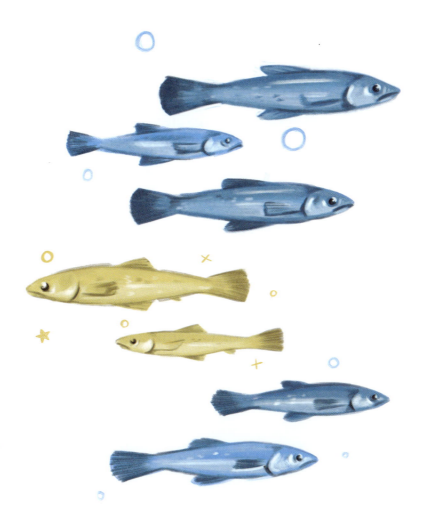

¿CÓMO DIFERENCIAR A LOS AMARILLOS DE LOS AMIGOS?

Lo sé, te estarás preguntando: «Según la definición del capítulo anterior, ¿cómo diferenciar entre los amarillos y los amigos, si se parecen tanto? ¿Hay alguna forma de saber quién es un amigo y quién es un amarillo? ¿Y lo mismo, pero entre un amarillo y un amor?».

Pues la verdad es que es hasta sencillo. Eso sí, se necesita un poco de práctica y conocerse a sí mismo. Digo esto porque los amarillos son el reflejo de uno mismo. En ellos encontramos parte de nuestras carencias, y conocerlos hace que demos un salto cualitativo en la vida. Es decir, cuanto más te conozcas, mejores amarillos tendrás.

Te pondré un ejemplo que me ayudará a explicarme.

Imagina que estás en el aeropuerto de una ciudad que no es la tuya. Tu vuelo lleva dos o tres horas de retraso. Viajas solo, y de repente te pones a hablar con alguien casi por casualidad, por pasar el rato. Al principio parece una conversación trivial, pero poco a poco notas que está naciendo algo entre vosotros; no hablo de amor ni de sexo, hablo de que has encontrado a alguien a quien le estás contando cosas muy íntimas y, de manera fascinante, sientes que te comprende y que te aconseja de una forma distinta y especial a como lo haría alguno de tus amigos. Y lo mejor es que te resuelve problemas enquistados y hace que te sientas como en una nube.

Anuncian la salida de tu vuelo, así que debéis separaros. En el mejor de los casos intercambiáis el número de móvil, el perfil de Instagram o la dirección de e-mail. Como vivís en las antípodas, sabéis que quizá no volváis a veros con esa intensidad a no ser que uno de los dos decida viajar al país del otro.

A lo mejor os escribís por Instagram o WhatsApp. Quizá hagáis alguna videollamada. O tal vez no volváis a veros porque sentís que no sería lo mismo.

Tradicionalmente, a esta persona no se la podría considerar amiga, no cumple la premisa. Un amigo necesita tiempo, años y, casi primordial, mucho roce. Pero es probable que esa persona te haya dado más en unas horas que un amigo con el que convives desde hace seis o siete años; habéis compartido soluciones y confidencias, y te ha hecho sentir algo diferente a la amistad, algo que roza el amor, pero no de manera sexual, sino con una intensidad difícil de explicar.

Por todo lo que hemos visto, esa persona no puede ser un amigo. Ese desconocido te ha marcado, ha hecho que te sintieras mejor que mucha gente en bastante tiempo, pero sabes que seguramente no volverás a verlo, o que si os reunís online echarás de menos la intensidad que habéis experimentado en persona.

Por lo general, esta situación generaría tristeza, una sensación de pérdida, de haber encontrado a alguien y saber que lo has perdido.

Pero no es así. Ese razonamiento es erróneo porque se basa en el concepto de la amistad. Y esa persona que has conocido porque tu avión se ha retrasado es un amarillo, uno de los veintitrés amarillos que tendrás en tu vida.

Es probable que te estés preguntando: «¿Un amarillo ha de ser un desconocido que me comprende o me fascina?». No necesariamente. Un amarillo también puede ser un conocido. Puede ser un amigo que un buen día sube a ese escalafón o un amor que, por cómo te hace sentir, de repente te das cuenta de que se parece más a un amarillo.

Repito, no tiene por qué ser un desconocido, aunque muchos lo serán. Un amarillo es alguien especial que hace que te sientas mucho más especial, alguien por quien sientes una mezcla de amistad y amor, y en quien presientes la existencia de esas trazas amarillas de las que más tarde hablaremos y que son la forma de encontrar a los amarillos.

También es importante recalcar que un amarillo no necesita llamadas telefónicas, no necesita videollamadas, no necesita conversaciones por Instagram, redes variadas o WhatsApp. Tampoco harán falta años de cocción de la amistad o de conocimiento de la otra persona, ni mucho menos quedar a menudo con ella.

Un único encuentro es suficiente para ser un amarillo. Una sola vez puede demostrarte que esa persona es tu amarillo.

Sé que te estarás preguntando si esos conocidos a los que no ves con frecuencia, a los que ya no consideras amigos por falta de tiempo, en realidad eran amarillos. Pues quizá sí o quizá no; tal vez esas personas sean solo amigos a los que dejaron de interesarles las mismas cosas que a ti y vuestro círculo de contacto desapareció. Siempre he creído que perder amigos es evolucionar; no debe dar miedo soltarlos. Eres la media de las personas que tienes cerca; solo puedes cambiar a través de las personas que te envuelven: si pierdes amigos o cambias de amigos, tú también te transformarás.

Te doy otra definición, esta mucho más escueta, pero también más precisa, por si te queda alguna duda:

AMARILLO: Palabra que engloba a esa gente que cambia tu vida con un pequeño detalle o con un gran gesto.

No tengas miedo, encontrarlos no es complicado. Los amarillos se sienten, notas que lo son. La relación con un amarillo no se inicia por casualidad, sino que ves en él una de esas trazas de las que te hablaré, y entonces decides lanzar la caña amarilla.

Es curioso: hasta en las series han acabado buscando amarillos. Al principio mostraban a familias (*Roseanne*, *Los Simpson*), después se centraron en los amigos (*Seinfeld*, *Friends*). Y, por último, han evolucionado hacia los amarillos (*Perdidos*, *Héroes*, *Pulseras rojas*, *The Last of Us*, *The Mandalorian*, *Los espabilados*), personajes que no se conocían, se encontraban por azar y se volvían inseparables.

Los amarillos aparecen en tu vida y la cambian por completo, y aunque el nombre no existiera todavía, el cine y la televisión están repletos de ejemplos.

Creo que ya es hora de que te hable de lo que puedes hacer con los amarillos, cómo comunicarte con ellos y qué ventajas tienen respecto a los amigos tradicionales.

Ten en cuenta que aquí hablo de cómo encontrarlos, pero también es muy bello ser el amarillo de otros y que ellos te busquen.

No importa si tú los encuentras o son ellos los que te buscan. Es un honor que alguien piense que eres su amarillo, lo que no quiere decir que debas aceptar serlo.

Ser amarillo es algo que debéis sentir los dos, una decisión conjunta.

¿QUÉ COSAS SE PUEDEN HACER CON LOS AMARILLOS?

Quiero hacerte una pregunta: ¿has notado alguna vez, mientras vas por la calle, que alguien te llama poderosamente la atención y no sabes por qué?

No hablo de atracción sexual ni de belleza física, sino de algo en esa persona que hace que tengas que hablarle, que necesites imperiosamente comunicarte con ella y que forme parte de tu mundo. Notas que no puedes dejar que esa persona se te escape.

De lo que hablo, sobre todo, es de un sentimiento, algo que no es amor ni sexo, pero que se supone que tampoco puede ser amistad, ya que la amistad necesita tiempo, roce, o una actividad, trabajo o *hobby* en común.

No sé si lo sabías, pero ese sentimiento nace al ver a un amarillo, al tener la suerte de tropezarte con alguien especial de tu mundo, y te aseguro que no es algo que pase a menudo.

Y el motivo por el que te cuento todo esto es porque deseo que, dentro de unos meses, cuando ya haya salido este libro, alguien nos pare por la calle (a mí o a ti) y diga:

«¿Quieres ser mi amarillo?».

Sería genial entrar así a la gente, sin miedo, sin dobles sentidos. Sería más sencillo si todas las personas conociesen a sus amarillos.

Pero no nos alegremos todavía. Aún debes saber cómo encontrarlos, cómo distinguirlos y cómo relacionarte con ellos.

Todo el mundo sabe cómo relacionarse con sus amigos, su pareja o su amante. No hace falta que te enseñen, es como un código, y lo ves en las películas, en las series y en la vida real. Lo has mamado desde pequeño, y las palabras crean las emociones. En cambio, nadie te ha hablado de los amarillos, por eso insisto.

Creo que los conceptos «amigo» y «amor» también merecerían una nueva lectura y revisión. La palabra «amigo» se usa demasiado a la ligera, y de ahí que se pierdan tantos a lo largo de la vida. Lo mismo ocurre con el «amor». Siempre he creído que el amor es como el ajedrez: a veces amas como un peón, muy despacio; otras veces amas como un caballo, de forma loca y extraña, y al final encuentras tu movimiento y seguramente necesitas a otra persona que se acompase contigo. Pero eso ya nos llevaría a otro libro.

Ahora te hablaré de mi forma de relacionarme con los amarillos y, a partir de ahí, encontrarás la que te resulte más cómoda para relacionarte con los tuyos. Lo que deseo es que hagas tuyo el término y crees tu filosofía en torno a ellos. Todo es muy flexible, no hay reglas en el mundo amarillo.

Una de las características de los amarillos, quizá la que más los diferencia de los amigos, es sentirlos, tocarlos y acariciarlos.

Jamás he comprendido lo poco que nos tocamos con los amigos, lo que sería una prueba de lo poco que ha evolucionado la amistad.

Alguien puede ser tu amigo y quizá con esa persona jamás hayas superado la barrera de los diez centímetros de cercanía, nunca le hayas dado un abrazo largo de dos minutos ni hayas visto cómo se dormía o se despertaba.

Lo de abrazar es muy importante. Hay mucha gente que necesita caricias fuertes porque les pasa como a los caballos, que tienen la piel muy dura: no pueden sentirte si no los acaricias fuerte o los abrazas con intensidad.

Además, ver cómo despierta alguien, cualquier persona que esté en tu mundo amarillo, provoca sensación de cercanía, de verlo nacer y volver a la vida. Eso es comparable a mil o, mejor dicho, a cien mil conversaciones.

Nadie debería esperar a compartir una excursión, un viaje o una enfermedad para ver a alguien dormir y despertar. Es importante entender que los amarillos no son solo amigos: en la amistad hay muy poco de sentir al otro, tocarlo, acariciarlo o verlo dormir y despertar.

Creo que la amistad está demasiado valorada para la poca interacción que hay en cuanto a sentirse y a la cercanía física entre esas dos personas que se aprecian tanto.

Y quizá pienso lo contrario del mundo de la pareja. Siempre he creído que es muy injusto que la pareja se lleve el noventa y cinco por ciento del contacto físico. Nadie pondría el noventa y cinco por ciento de su dinero en un solo banco. En cambio, pones ese tanto por ciento tan elevado de tus caricias y de tus abrazos en una sola persona. Creo que ahí radica el error. Por eso hay tantas infidelidades, por eso hay tanta gente que se siente sola: por esa falta de contacto físico, cariño y caricias con otras personas a las que sienten muy cercanas, es decir, con los amarillos.

Sé que llegados a este punto estarás planteándote: ¿se puede practicar sexo con un amarillo?

Quizá esta pregunta te haya venido ahora a la mente o quizá lo pensaste en cuanto empecé a hablar de este concepto. La verdad es que es la duda que más aparece en las redes cuando me hablan de los amarillos.

Sea como fuere, la respuesta que te daré está condicionada por lo que yo pienso, por la forma en que yo he creado y cultivado los amarillos, pero eso no significa que tú no puedas llevar tu relación con los amarillos con leves diferencias. Nada está cerrado, no hay reglas ni fronteras.

Como he dicho, para mí lo fundamental en los amarillos es el cariño, la caricia y el abrazo.

Cuando hablo de dormir y despertar juntos, me refiero a sentir la pérdida (el sueño) y el despertar (el renacer diario, la vuelta a la vida), jamás al sexo.

Con un amarillo no es necesario practicar sexo, pero se puede, claro que sí, no existe una prohibición al respecto. Sería absurdo acotar el terreno amarillo si ambos están de acuerdo, pero creo que la gracia de los amarillos es que ya ganan mucho terreno respecto a la amistad y el amor. Se llevan un cuarenta por ciento del contacto físico cuando quizá antes no tenían ni un dos por ciento. Que haya más o menos dependerá de tu relación con tu amarillo.

Pero vuelvo a responderte: se puede tener sexo, claro. Sin embargo, todo lo otro vale mucho más. Es una decisión entre los amarillos y lo que necesiten. No hay reglas ni fronteras mentales en el mundo amarillo, todo dependerá de cómo construyas tu relación amarilla.

Llegados a este punto, creo que sería oportuno volver a definir a los amarillos:

AMARILLO: Dícese de aquella persona especial en tu vida. Los amarillos se encuentran entre los amigos y los amores. No es necesario verlos a menudo o mantener contacto con ellos. La forma de relacionarse con los amarillos es el cariño, la caricia y el abrazo. Disfrutan de privilegios que antes solo estaban en posesión de la pareja.

Y sobre todo debes entender que los amarillos son una pieza más del gran enigma de la vida. Cada amarillo refleja partes del otro, aquello oculto, secreto, y hasta prohibido que nos habita y pocas veces mostramos, aunque vibra fuerte en nosotros. De ahí que ser amarillo de otra persona tiene que ver con lo entrañable que nos une y también con lo que nos incomoda de nosotros mismos. De alguna manera, servirá para que te entiendas más; tus amarillos te definirán y te ayudarán a comprenderte. Si no me entiendes ahora, lo harás cuando tengas amarillos. Es dar a alguien tu yo más débil y tu yo más fuerte.

Y ahora intentaré hacer una lista de todo lo que se puede hacer con un amarillo. Esa lista, como todo en este libro, no tiene que ser impuesta ni mucho menos seguirse a rajatabla, sino que puede modificarse. Repito, nunca hay normas fijas.

Cada uno debe decidir qué le sirve y qué no. Nada de esto es filosofía ni religión, solo inicios que es importante que tú modifiques. Caminos que debes emprender, pero que pueden bifurcarse a tu gusto.

Sigamos, pero antes de nada debo contestar a la segunda cuestión que quizá te estés planteando y que aún no he respondido porque creo que está muy clara: ¿los amarillos son masculinos o femeninos? ¿Puedes tener amarillos chicos y amarillos chicas?

Para mí, el concepto «amarillo» engloba a ambos sexos. Si eres un chico, puedes tener amarillos chicos y amarillos chicas, y si eres una chica, lo mismo. Y si eres cualquier otra cosa que desees ser, enhorabuena: también puedes tener amarillos que engloben todo lo que necesiten ser. Creo que me he explicado: todo es posible. Puedes llamarlos «amarillo», «amarilla», «amarillos», «amarillas», lo que quieras. Yo siempre digo «amarillo» (por el color, que para mí es de donde nació) y los engloba a ellos y a ellas. Pero, de nuevo, haz lo que necesites.

Volvamos a la cuestión de qué se puede hacer y qué no con los amarillos, que seguro que estarás ansioso por saberlo. Pues ahí va una pequeña lista de cuatro puntos. Añadiremos más en los próximos capítulos.

Debo aclarar que ni están en orden ni tienes que cumplir todos estos puntos con un amarillo. De nuevo, solo son caminos.

Lo importante de los amarillos es que te dé la sensación de haber encontrado un alma gemela, una persona que te marque, que sea una evolución de la amistad y que te aporte cosas nuevas y estimulantes.

A veces, con un amarillo solo hablarás de forma esporádica durante diez minutos, pero será básico e imprescindible en tu vida. Con otros mantendrás una relación muy cercana e intensa, y no podrás dejar de verlos a diario.

Los amarillos, no te engañaré, son el alma de la vida. No sé si alguna vez te has preguntado por qué el cuerpo humano funciona, por qué tiene esa energía en su interior y todo desaparece cuando mueres. Yo siempre he pensado que tiene que ver con lo que llamo «el alma amarilla», esa conexión amarilla con otra persona que hace que te nutra, ese cordón umbilical con otro ser que existe en ti desde que naces.

Una única persona amarilla puede crear esa conexión en ti. Y darte energía extra. Los amarillos no dejan de ser esas almas amarillas; a veces las denomino «almarillas» para acortar.

Cuantos más amarillos tengas, más fuerza y ganas de vivir tendrás.

Pero eso es el final de todo, vayamos al tema del que hablábamos. Tras cerciorarte de que cierta persona puede ser un amarillo, intenta:

1. Conversar

En eso no se diferencia mucho de otro tipo de relaciones, como la amistad y el amor.

Quizá el matiz esté en que en muchas ocasiones hablas con un desconocido, y que lo que te impulsa a entablar esa conversación es que sientes que esa persona es un amarillo.

Con los amarillos notas que les puedes contar secretos y abrirte como nunca antes. Puedes llamarlos a horas intempestivas y sentir que están ahí para ti.

Además, te das cuenta de que después no necesitas retomar el contacto; puedes estar meses sin decir nada y, cuando volvéis a veros, todo sigue igual y la conversación fluye sin esfuerzo.

Hay amarillos de dos conversaciones y amarillos de cincuenta. Depende de ti.

Una característica muy bella de los amarillos es que jamás te mentirán, y eso es un premio gordo en estos tiempos. Su sinceridad es un honor que va de serie.

2. Abrazar y acariciar

El mundo funcionaría mejor con más abrazos y más caricias. El abrazo amarillo consiste en abrazarse aproximadamente durante dos minutos y, mientras, sentir la respiración del otro: corazón contra corazón.

En cuanto a las caricias, ¿dónde darlas? Donde quieras: en la mano, en la cara, en el brazo, en la oreja, en la pierna. Donde te apetezca. Donde creas que debes acariciar.

Pienso que es un gran error no acariciarse más a

menudo, no sentir el calor de una mano, la temperatura y el tacto de otro cuerpo.

En ese aspecto los amarillos se apoderan de una parcela que siempre ha sido de la pareja. Pero no hay que sentir ni celos ni miedo a malinterpretaciones; solo hay que cambiar el concepto y dejar que entren nuevas ideas.

Acariciar y abrazar son dos parcelas que la amistad no tiene como propias. Siempre han sido del amor, pero los amarillos disfrutan de ellas. Es su gran triunfo.

Y recuerda: caricias intensas para pieles duras, y abrazos largos, casi abrazos de gol, esos abrazos eternos que vemos en el fútbol cuando marcan. Deberían ser extrapolables a la vida real: los pequeños aciertos tendrían que celebrarse con la misma intensidad.

3. Dormir y despertar

Ver despertar a alguien es media vida con un amarillo. No tiene por qué ser en la misma cama, puede ser en dos distintas, pero es importante conseguir ese clima en el que cada amarillo duerma, y cada amarillo despierte siete u ocho horas después y sienta que el otro está a su lado.

¿Con cuántas personas has dormido en tu vida y no has practicado sexo? ¿Ha sido solo durante un viaje? Hazte esta pregunta. Seguramente es poca gente. Y en la misma cama, aún menos. Este es otro error de nuestra sociedad: pensar en el dormir y el despertar como algo sexual, cuando es un hecho tan natural como comer o cenar. Todo el mundo cena y come con amigos para conocerlos más. ¿Cenamos? ¿Comemos juntos? Es la parcela de los amigos. Eso y viajar.

Pero ¿dormimos juntos? ¿Despertamos juntos? Eso no está dentro de lo habitual, y es absolutamente necesario. Quizá no se lo pedirías a un amigo, pero sí a un amarillo. Diría más: creo que es vital, porque es el momento en el que más conoces a la otra persona.

Se cree que dormir es algo tan personal que debe ser solitario o compartido a través del sexo, pero esta es otra parcela que los amarillos ganan.

4. Separarte, dejarle espacio, abandonarlo y perderlo

Un amarillo no necesita tiempo como un amigo. Un amarillo puede ser de horas, días, semanas o años. No hay posesión con los amarillos, hay que dejarlos marchar para que pasen a ser de otra persona.

A un amarillo no hay que cultivarlo: no le debes nada, no hace falta que cumplas con él. Los amarillos tienen y deben tener caducidad. Si no lo necesitas, ni siquiera has de enviarle un e-mail, llamarlo o mandarle un wasap para mantener vuestra energía juntos.

Estuvo contigo, te ayudó en un momento determinado o le ayudaste en una situación concreta. Luego continúa su camino y se convierte en el amarillo de otros. Repito, no hay nada posesivo con los amarillos porque no son amigos o parejas; te ayudan en instantes complicados de tu vida.

Ese no sentir que estás obligado a nada es fundamental en el mundo amarillo. Las obligaciones lo estropean todo. Aquí no hay fidelidad, sino algo más intenso: la certeza de ser el amarillo de otra persona. Y no hay celos.

¿Algunos amarillos duran toda la vida? Claro que sí. Y es lo mejor que te puede pasar. Yo tengo un amarillo al que conocí con diecinueve años; llevamos más de treinta años de amarillos. Es mi amarillo más antiguo, y creo que aún nos quedan bastantes años, pero si nos perdiéramos no sufriría.

¿Algunos amarillos duran horas? También. Son los que conoces en la consulta de un hospital, en un café, en un aeropuerto, en la calle o en la piscina. Los amarillos de horas son apasionantes porque nacen y mueren en un corto espacio de tiempo.

Y algunos amarillos jamás llegan a serlo porque uno no quiere. Siempre les digo: «Todo lo que podríamos haber sido tú y yo si no fuéramos tú y yo». Y luego agrego: «Si tú me dices ven, lo dejo todo… Pero dime ven».

Y es que a veces te dicen o pronuncias «Ven», pero aquella persona no quiere ser tu amarillo, o tú mismo no lo deseas, porque seguramente aún no es el momento. Y hay que aceptarlo.

Por último, quiero decirte que habrá amarillos a los que no conocerás, a los que no tendrás la oportunidad de encontrártelos jamás. Quizá los veas solo por las redes o sean inalcanzables. Pero eso no quiere decir que no sean amarillos… Lo son, pero todavía no se ha producido el encuentro y puede que nunca se produzca.

Después de contarte qué puedes hacer con los amarillos, sé que te preguntarás cómo puedes reconocerlos y, sobre todo, cómo puedes encontrarlos.

¿Cómo encontrarlos? ¿Cómo distinguir un amarillo de un amigo o de una pareja? ¿Qué son las trazas de las que te he hablado?

Bueno, como todo en la vida, depende de la sensibilidad de cada uno, pero en el siguiente capítulo te daré algunas premisas para responder a estas preguntas y a muchas más. Como siempre, es mi punto de vista. Si encuentras respuestas mejores, adelante.

Llegados aquí, te recomiendo una bella canción que compuso la increíble cantante Tyna Ros. Se llama «Amarillo» en honor a mi concepto, y creo que es perfecta para este instante. Respiremos, asimilemos y gocemos de esta canción gracias a la cortesía de la artista.

Amarillo

Tyna Ros

Tienes la virtud
De hacerme creer
Hacerme volver a lo que fui ayer
A la búsqueda de mil caminos
Soñar en grande para ser, todo

Te encontré
Un amarillo de esas personas
Que te hacen bien
Un paisaje al despertar
Sentirme vivo una vez más

Y sin querer
Nacieron flores de mi mirada
Bajo mi piel
Me fui ligero por los senderos
Que prometí andar

Tienes la virtud
De poner en marcha
Los cien botones que me hacen girar
Y en un cielo un tanto despeinado
Volví a soñar para ser, todo

Te encontré
Un amarillo de esas personas que te hacen bien
Un paisaje al despertar
Sentirme vivo una vez más

Y sin querer
Nacieron flores de mi mirada bajo mi piel
Me fui ligero por los senderos
Que prometí andar

¿CÓMO ENCONTRAR A LOS AMARILLOS? LAS TRAZAS AMARILLAS

¿Cómo? Esa es una de las grandes preguntas clave de este libro. ¿Cómo saber si alguien es tu amarillo? ¿Cómo distinguirlo?

No hay una única manera, hay muchas. Voy a explicarte la teoría en la que baso el universo de los amarillos, porque muchas veces conviene mostrar algo y luego explicar de dónde viene.

Creo que los amarillos están en este mundo para que tú consigas saber cuáles son tus carencias, para que te abras y para que la gente se te acerque más. Los amarillos te dan fuerza para luchar, nacen de ti y de tu alma.

Como ves, no hablo de paz espiritual ni de armonía, hablo de fuerza y de lucha. Los amarillos nos ayudan en los momentos complicados y también en los más felices. Nuestros amarillos no forman parte de un colectivo, sino del mundo personal de cada uno.

Cada persona debe ser capaz de buscar los amarillos cuando los necesite, pero no se trata de lanzarse a la calle como un loco a buscar un amarillo, sino de que aparecen o te los cruzas cuando los necesitas. Son tuyos, son para ti, no sirven para otros. Y sobre todo deben ser para aquellos instantes en que los necesites en tu vida.

Pienso que cada persona tiene veintitrés amarillos. Quizá te parezcan pocos, pero creo que ese es el número exacto. Para mí está claro que el 23 es un número mágico, un número con poder.

La sangre tarda veintitrés segundos en recorrer el cuerpo humano; la columna vertebral tiene veintitrés discos; a Julio César lo apuñalaron veintitrés veces; el sexo de una persona tiene que ver con el cromosoma veintitrés, y cada hombre y cada mujer aporta al niño veintitrés cromosomas.

Realmente, el número 23 es alucinante. La naturaleza lo ama, y por algo será.

Así que yo creo en este número y en su potencial positivo. Estoy absolutamente convencido de que el 23 es un número que trae suerte y estabilidad.

Y si solo hay veintitrés amarillos en el mundo para cada uno, no deberíamos equivocarnos ni malgastarlos.

¿Cómo se encuentran? ¿Conviene buscarlos poco a poco para que nos duren toda la vida?

La respuesta tiene que ver con uno mismo. Búscalos cuando los necesites. Cómo encontrarlos tiene que ver con lo que yo llamo «marcas» o «trazas», que son las formas de reconocer a un amarillo.

Alguien marcó a veintitrés amarillos para que los encuentres, los desparramó para ti y debes buscarlos.

Tendrás que ejercitarte para identificar tus marcas, porque no todos tenemos las mismas. Esas marcas son parte de ti y las poseen tus amarillos.

Encontrar amarillos tiene que ver con la belleza. Siempre he creído que la belleza es algo sin sentido y caótico. Lo que a uno le parece bello, a otro puede parecerle horrible. Pero aquí no estamos hablando de la belleza convencional.

La belleza es relativa. ¿Por qué la gente se siente atraída por una forma de cráneo, un tipo de cuerpo, una manera de hablar o un modo de mirar o de distraerse? Jamás lo he comprendido, y es algo que me fascina.

Si estuvieras en una sala con cinco mil personas, podrías decir cuáles son bellas o poseen algo que te llama poderosamente la atención según tu canon. Pero esa belleza tiene diversas bifurcaciones: lo bello en el sentido poético, lo bello en el sentido sexual y lo bello en el sentido amarillo.

La belleza lleva siempre camuflada una marca amarilla. ¿No te ha pasado nunca que entre la multitud has visto a alguien a quien no puedes quitarle el ojo de encima? No tiene nada que ver con la sexualidad, no querrías acostarte con esa persona, sino que, al verla, se llena un vacío en tu mundo. Crees que podríais ser amigos, que tenéis una energía común. Hablo del tipo de belleza que te transporta a un amarillo, una energía que hace que esa persona forme parte de tu mundo.

Luego esa persona desaparece y la olvidas; no perdura mucho tiempo en tu memoria. Y su marcha no te provoca tristeza; la aceptas. Eso forma parte del universo amarillo: los amarillos vienen y van, no causan dolor.

Por lo tanto, lo fundamental es diferenciar, extraer de la belleza las marcas relacionadas con los amarillos.

¿Cómo hacerlo? Voy a contarte mi método, el que utilicé para identificar las marcas de mis amarillos. Aunque no darás con todas a la primera, cuanto más practiques, más marcas encontrarás. Es puro entrenamiento.

Apúntalas, corrobóralas y, sobre todo, aplícalas a los amarillos que ya posees. Son la constatación perfecta de que has encontrado marcas.

El método en formato lista sería el siguiente:

1. Intenta comprender qué es la belleza para ti, identifica cuáles son tus cánones de belleza y anótalos. Tienen que estar relacionados con personas que te llamen mucho la atención nada más verlas.

No me refiero solo a rasgos físicos, sino también sonoros, marcas relacionadas con los colores, con los objetos, con todo lo que crees que es bello, detalles pequeños o grandes que siempre que los ves en alguien te parece que esa persona es especial para ti. Es decir, a veces es un olor, un lugar, algo físico o quizá un aspecto de su carácter, de su vestimenta, de la forma de andar o de despistarse. La belleza amarilla, insisto, no es solo algo físico, sino también cómo te afecta mentalmente cualquier pequeño detalle.

Ejemplos hay miles. Si para ti la belleza tiene que ver con toallas blancas, apúntalo. Si tiene que ver con un corte de pelo, apúntalo. Si tiene que ver con el olor de una chaqueta de pana, apúntalo. Si tiene que ver con la forma en que se ven los ojos y la boca dentro de un casco de moto, apúntalo.

Quizá de repente hayas dado con algo tan extraño que realmente sea una traza amarilla. Las marcas amarillas acostumbran a ser complicadas y rebuscadas, porque lo bueno nunca es fácil de encontrar.

He conocido a gente que asocia la belleza con la manera de pasar las páginas, con cómo la otra persona se relaciona con los animales, cómo pronuncia ciertas consonantes, o cómo mezcla español e inglés en una frase.

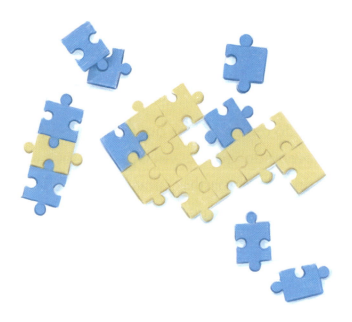

2. Una vez que hayas completado la lista —que, para ir bien, debería incluir cien ítems—, elimina las cosas que hayas apuntado que tengan que ver con la belleza sexual o amorosa.

Me explico. Todo lo que relaciones con sexo o amor —es decir, que te excite— no cuenta. Es probable que hayas apuntado la forma de los labios de una persona, pero seguramente eso tendrá connotaciones sexuales; no hablará de la belleza amarilla, sino de la belleza sexual, que también es positiva y te servirá para otro tema.

Pero ten cuidado, no vayas a eliminar una característica que te parezca sexual y que en realidad sea amarilla. A veces están las dos en el mismo saco.

Sobre todo ten en cuenta que esto no es una ciencia. No pretendo que te vuelvas loco buscando y eliminando trazas amarillas, sino que te diviertas en la búsqueda. Además, te servirá para conocerte, porque esas trazas tienen que ver contigo, con quién eres y con aquello con lo que te ha dotado el universo.

La diversión es esencial, porque no hay ninguna verdad absoluta, todas son relativas. Las equivocaciones son posibles, hay que aceptarlas. Y quizá, pasado el tiempo, una traza a la que no le diste valor se convierta en la principal.

De la lista de cien, seguramente eliminarás alrededor de setenta y siete rasgos relacionados con la belleza sexual o amorosa, con lo que te quedarán unos veintitrés.

3. Lo sé. De nuevo veintitrés, ese número mágico. Pues bien, esos veintitrés datos de belleza que no has podido eliminar, esos veintitrés rasgos que te parecen bellos porque sí son la base para comenzar a trabajar.

Ten el radar encendido; cuando descubras como mínimo tres de esas marcas en una persona, puede haber una posibilidad remota de que sea un amarillo.

Si son nueve marcas, la posibilidad deja de ser remota y comienza a ser una certeza.

Si supera las trece, habla con esa persona; seguramente será un amarillo.

Si cumple las veintitrés, bingo, la tienes. Puedes dejarla escapar si no la necesitas en ese momento, o hablar con ella si lo deseas o la necesitas con urgencia.

Ten en cuenta que una cosa es encontrar al amarillo, otra decidir hablar con él y otra muy distinta que esa persona quiera serlo.

Los encontrarás, pero no debes malgastarlos. No abundan y tienen fecha de caducidad, porque la gente se transforma y cambia.

Una persona que en un momento dado te parece un amarillo puede dejar de serlo en unos años porque sus trazas de belleza amarillas hayan desaparecido. Así que tú mismo.

4. ¿Y qué pasará si decides hablar con esa persona? Pues que comenzará una relación amarilla que durará lo que tenga que durar: horas, meses o años. No perpetúes nunca a ninguno de tus amarillos por egoísmo.

Cuando acabe, te sentirás mejor, pero seguramente también te modificará. Y, al hacerlo, modificará tus marcas y tu interior.

Cada amarillo dejará en ti algo imborrable, y algunas de tus trazas se modificarán.

5. Cada dos años, más o menos, debes volver a buscar tus marcas. Cada dos años la belleza amarilla se modifica debido al contacto con un amarillo. Por eso te recomiendo que bianualmente busques nuevas marcas, pues te servirá para encontrar nuevos amarillos más completos.

Descubrirás que quince o dieciséis trazas continúan, pero siete u ocho se modifican. Es importante buscarlas para no equivocarse, aunque te cueste y te dé pereza.

Y así sucesivamente cada dos años: busca y rebusca a los amarillos que más te ayuden y te reconforten.

Cuanto más cuidadoso seas, mejores amarillos tendrás.

Sé que el trabajo es arduo, y que ahora, si ya has comenzado a hacerlo mentalmente, tienes muchas dudas.

Te preguntas si esas marcas que estás encontrando pertenecen a la belleza amarilla, a la belleza sexual o a la belleza amorosa.

La mejor forma de comprobarlo es recortar fotos que te llamen la atención porque contengan esa traza: fotos de personas en revistas, periódicos, imágenes que encuentres por internet… Fíjate también en idiomas con acentos que te llamen la atención, olores que no puedas quitarte de la cabeza y te parezcan bellos, imágenes que perduren en tu memoria… Y anota todo ello en una libreta.

Aunque te cueste creerlo, esta parte es la más bella. Es única porque llegarás a conocerte mucho más y verás que esas trazas hablan de lo que te falta en la vida, de lo que deseas y de lo que necesitas.

Haz un recorrido mental por todo lo que te parece bello, no te centres solo en las personas, sino también en lugares, épocas de tu vida, sentimientos y sensaciones. Hay que rastrear mucho para encontrar las trazas. Nunca son solo físicas de una persona concreta, sino del ambiente que la rodea, de su personalidad o de cualquier detalle que te llegue a través de los cinco sentidos.

Pero, claro, quizá no quieras hacer ese trabajo, así que en el siguiente capítulo te ofrezco una técnica más rápida —no tan recomendable pero también válida— de encontrar amarillos. Lo dejo, como siempre, a tu criterio, aunque yo te recomiendo esta primera fórmula.

FORMA ABREVIADA PARA ENCONTRAR AMARILLOS (SIN TRAZAS AMARILLAS)

Algunas personas no quieren buscar trazas. Este mundo se ha vuelto tan cómodo como los vídeos favoritos que te encuentra un algoritmo para que luego tú, con un dedo, elijas el idóneo.

No lo juzgo, es bello que alguien te ayude a saber lo que te gusta; a veces uno mismo no lo tiene claro. Aunque siempre he creído que lo que nos gusta no es tan interesante como lo que no nos gusta, que habla mucho de nuestros miedos o incomodidades.

A lo que iba. Mucha gente me ha dicho: «Yo no busco trazas amarillas, no tengo tiempo». Y me piden un método más rápido, como esos *quick start* que llevan casi todos los electrodomésticos para no tener que perder tu valioso tiempo.

¿Existe ese *quick start* para encontrar amarillos?

Pues sí, claro. Tiene que ver con el instinto personal, el conocimiento de ti mismo después de convivir siempre contigo. Y, sobre todo, con aquello que sabes que te llama poderosamente la atención de las otras personas y que se ha convertido en una fijación.

Son esos dos o tres rasgos que desearías para ti, esos dos o tres detalles que te encantan de una persona y que necesitas poseerlos en tu personalidad porque careces de ellos.

Si consigues esas tres coordenadas, podrás encontrar amarillos con mayor rapidez. Es como lo de unir puntos con una línea; pues igual con los amarillos, pero solo con tres trazas. Esta fórmula no es tan efectiva, pero de lo que se trata es de que no te trabes con nada y empieces a buscar amarillos.

Cuando no utilices trazas, una vez que sepas qué persona es tu amarillo, también funciona la técnica de lanzar imágenes de esa persona junto a ti a tu cerebro para que lo convierta en uno de ellos. Visionar lo que será antes de que pase.

Como supongo que sabes, dentro de ti hay otro, ese otro que a veces necesita que lo calmes si está enfadado, que lo escuches si tiene miedo y que, durante toda la vida, nunca dejes de comunicarte con él. Tu yo interior es tu primer amarillo y al que más tienes que cuidar.

Pero la mejor forma de comunicarte con él no es solo hablarle con la voz —eso es un error—, sino mandarle imágenes. Cuanto más claras sean las fotografías mentales de lo que deseas, más sencillo será que tu yo interior te escuche y te ayude.

Es decir, si quieres conseguir un amarillo, comunícate con tu yo interior y envíale imágenes de él. Esta técnica nunca falla, porque tu interior se comunica visualmente y podrá corroborarte si esa persona con la que te encuentras lo es.

Todos esos sueños que tienes por la noche son la forma de tu yo interior de darte pistas —no mediante frases, sino con imágenes—, pues se trata de una técnica biyectiva. Durante el día, mándale las imágenes con tus deseos a tu yo interior y así lograrás cumplirlos.

Te puede parecer absurdo, pero es la fórmula más sencilla para encontrar a tus amarillos, porque así los interiores de las personas se comunican entre ellos de manera diáfana cuando los exteriores se encuentran.

Insisto en que yo te recomiendo las trazas, las veintitrés características de belleza amarilla, pero de este otro modo, sin trazas y con imágenes, podrás poner en práctica todo lo aprendido de forma más ágil si crees que no tienes tiempo.

Recuérdalo: tres trazas y mucha comunicación con tu interior. Esa es la otra técnica para encontrar amarillos. También puedes utilizar la táctica de las trazas y las imágenes que comuniques a tu interior para afianzarte y encontrar más rápidamente a tus amarillos. Todo es posible.

DISTINCIONES ENTRE LOS AMARILLOS

Hay muchas clases de amarillos. Como siempre, dentro de una clasificación hay muchas más.

Esto no significa que un amarillo sea mejor que otro, pero sí que hay amarillos especiales. Te quiero contar cómo los llamo yo, y repito que lo interesante es que los renombres y que encuentres tu propia clasificación.

Descubrirás que algunos amarillos te llenan más que otros porque tienen unas características diferentes, y debes conocerlas.

Si tú prefieres no distinguirlos, no pasa nada. Un amarillo siempre será un amarillo y no necesita apellido, pero para mí es importante darles ese valor añadido.

1. Los amarillos cascabel

Dentro de los amarillos, los hay que son extremadamente luminosos. Siempre uso el verbo «esplender» para definir a ese amarillo que ve luz donde otros solo ven sombras y que te aporta energía en los momentos más difíciles.

A veces ese tipo de amarillos son antiguas parejas o han sido grandes amigos.

Al amarillo que esplende lo llamo «persona cascabel». La persona cascabel es el amarillo más potente de tu vida, esos seres humanos que con solo verlos te transmiten energía, mucha felicidad, humor y paz.

Su cuerpo, su cara, su voz, su olor y su conversación te activan de una manera como creo que nadie más puede hacer en este mundo. Tener una persona cascabel en tu vida es lo mejor que te puede pasar, porque siempre estarás protegido.

Pero ten cuidado. Los cascabel tienen una doble vertiente, y algunos amarillos cascabel acaban convirtiéndose en serpientes de cascabel. Tanta luminosidad puede transformarse en oscuridad, pero es el riesgo que debes correr. Tener un amarillo cascabel es muy tentador, pero también muy peligroso, porque les das las llaves de tu alma.

Cuando conoces a amarillos tan espectaculares que esplenden, te abres y les ofreces todos tus secretos. Y, al final, alguien que conoce todas tus debilidades, de la misma forma que construyó un universo entero para ti, puede destruir emocionalmente todo tu mundo.

Yo siempre he aceptado el riesgo porque lo que aportan a tu vida es mucho mayor que la destrucción que te pueden provocar. Es la única clase de amarillo que es capaz de destruirte, pero lo bueno es que los cascabel son un regalo del universo y un chute de energía única.

Por otra parte, si posees un amarillo muy luminoso, se te acercarán lobos que anhelan destruir su luz. Los lobos tienen el corazón doblado, hay gente que nace así.

En las firmas de libros a veces me encuentro con personas muy luminosas, casi aprendices de cascabel, y siempre les escribo: «Vigila, que tu luz atraerá a muchos lobos». En esta vida necesitas graduar tu luz para que se acerquen los amarillos cascabel y no despiertes el interés de los lobos.

Los lobos son propensos a atacar la felicidad, la ternura y las exposiciones sinceras. A veces en persona, otras veces ocultos en las redes. Son gente muy oscura, pero pienso que si tienes un cascabel que te proteja, es como si pusieras un escudo delante de ellos. Un cascabel siempre vencerá a un lobo.

Si eres un amarillo cascabel de alguien, solo puedo darte las gracias por existir y pedirte que sigas ayudándonos. Los amarillos cascabel sois como los llamadores de ángeles: cuando sonáis cerca de nosotros, nos sentimos a salvo, y vuestra alegría nos protege.

Quizá logres más de un amarillo cascabel, o quizá jamás tengas uno. Para mí este es el amarillo que más esplende, y encontrarlo es un premio vital y puede convertirse en una adicción.

No lo dudes, la luz siempre vuelve si esperas lo suficiente.

2. Los amarillos perla

Llamo «perlas» a los amarillos que son continuos en tu vida. Hay doce amarillos que difícilmente dejarán de serlo. Se mantendrán fieles, cerca de ti, durante años.

Lo mejor de las perlas es que aparecerán cuando menos te lo esperes. Son personas únicas, y las amas de una manera muy especial. Necesitas su contacto y no te imaginas la vida sin ellas.

Lo bello es encontrar una perla cada año. Es casi un premio que aparezca un amarillo perla. Durará mucho tiempo en tu vida, y no debes malgastarlo.

3. Los amarillos diamante

El diamante es la perla más especial entre las perlas fieles. Un amarillo diamante es aquel a quien no necesitas ver muy a menudo, pero cuando lo encuentras emana una energía especial.

No esplende, no es sonoro como los cascabeles, sino más duro y diferente al resto. Seguramente no lo verás cada dos por tres, pero cuando ocurra será muy intenso. Es un desconocido que está allí siempre que lo necesites.

El diamante quizá sea una perla de muchos años

que un día se convertirá en piedra angular del mundo amarillo.

Siempre hay un poco de tensión entre los diamantes y los cascabeles. No son celos, sino pugna por lograr tu alma.

4. Los amarillos que son
   piedras del mismo cristal
   o amarillos cerebro suplementario

Existe solo una piedra del mismo cristal entre los veintitrés amarillos, un amarillo que te das cuenta de que es tan parecido a ti que casi sois gemelos. Es como si fuerais idénticos.

Vuestras veintitrés trazas se asemejan —algo que sucede muy pocas veces—, y veis el mundo de la misma manera en muchos aspectos.

Las piedras del mismo cristal escasean. Son como

dos trozos de la misma alma que se perdieron y por fin vuelven a estar juntos.

Me refiero a que es una persona idéntica a ti, con tus mismos gustos, trazas semejantes, y sientes que alguien la desparramó en el mundo para que encontrases un gemelo amarillo.

En esos casos, hasta sus amarillos se convertirán en los tuyos casi al instante, y él hará por ti el trabajo de selección.

Si encuentras esa piedra del mismo cristal, jamás la perderás. Es un regalo hermoso, y tal vez os acabéis convirtiendo en pareja.

Es como si fuera un cerebro suplementario, alguien que siempre te ayudará, comprenderá tus lagunas y se sumará a tu propia inteligencia.

5. Los amarillos voleadores

Los amarillos voleadores te defenderán de tu dolor como escudos humanos. Aparecerán y desaparecerán rápidamente de tu vida, pero estarán ahí para volear las injusticias. Son desconocidos que te protegen en momentos determinados de tu vida.

¿Sabes cuando en el tenis alguien hace una volea y logra darle a la pelota antes de que toque el suelo? Pues lo mismo harán ellos con las injusticias que vivas. Esos amarillos aparecerán para volear una dificultad a la que te enfrentas y cuando tú mismo te quedes sin recursos para resolver el problema.

Un amarillo voleador te conocerá y sentirá que debe salvarte. Solo estará unos minutos en tu vida: lo encontrarás en un momento inesperado en el que estés experimentando dificultades. Te hará de ángel de la guarda, te ayudará de una manera difícil de explicar, y sentirás una gratitud brutal. Es probable que el universo te dé la oportunidad de recuperarlo en otro instante de tu vida.

Jamás elegirás a un amarillo voleador. Él verá tus carencias en un momento concreto de tu vida y deseará ayudarte. Y es que buscar amarillos es importante, pero más lo es dejar que te encuentren.

Como con todo en la vida, es más importante que te busquen que el hecho de que tú encuentres. Lo mismo pasa con el amor: es mejor ser amado que amar, y eso solo se consigue si haces como los niños: mirar mucho para fuera y poco para dentro. Los adultos miran mucho para dentro y poco para fuera.

Te lo repito: estos cinco tipos de amarillo son solo una pequeña muestra de los que encontrarás. Quizá tú llegues a crear más definiciones o mejores perfiles. Si es así, me encantará que me lo cuentes.

Para mí, todos los amarillos de los que te he hablado son importantes. Cuanta más variedad haya, mejor, pero de nuevo depende de ti que les des un nombre u otro. Libertad total, como siempre, y mucho camino por recorrer.

LOS ENEMIGOS DE LOS AMARILLOS: LOS RUIDOS Y LOS LOBOS

Cuando se habla de un concepto tan luminoso como los amarillos, cuando esplendes, cuando buscas dándolo todo, pueden aparecer enemigos que se burlen de tu búsqueda.

No importa. Siempre he creído que en este mundo un diez por ciento de las personas van en contra de todo, sea lo que sea. Así que aquí pasa igual.

Ya te he hablado de los lobos, y al final de este capítulo insistiré en esos seres que cuando ven mucha luz intentan apagarla, pero también quiero hablarte del ruido, ese concepto que creé en *Estaba preparado para todo menos para ti*.

Todo lo positivo tiene su cara B. Y debo hablarte de los «ruidosos» porque existen y provocan dolor a los amarillos. No son personas, son ruido. Y lo peor que se puede hacer es intentar conversar con ellos. ¿Intentarías hablar con el ruido para que deje de serlo? Es imposible: tú gritarás, él gritará más y logrará que acabes convirtiéndote en ruido. Vencerá.

Mucha gente me ha escrito para contarme de personas que les han hecho daño o los han traicionado, o de seres cercanos que los han abandonado. Siempre he sabido que hablaban de personas que son puro ruido, justo lo contrario que los amarillos.

Necesito advertirte que contra el ruido humano no hay nada que hacer. Debes aislarte, apartarte de él, poner tierra de por medio, no perder la compostura y ser consciente de que has tenido la mala suerte de tropezarte con el ruido. Aunque te parezca un amarillo y cumpla tus trazas, si es ruido, ni te acerques. En el siguiente capítulo verás que hay una manera de eliminar el odio y la sed de justicia que te suscitan.

Los ruidos están vacíos, por eso resuenan tanto. El ruido odia cualquier norma y solo ama el ruido, casi siempre el suyo en forma de su voz y sus actos.

Los ruidos no mejoran con los años, solo aumentan sus decibelios.

Seguro que estás pensando: «¿Cómo se convierte alguien en ruido?». Pues porque está vacío. Disfruta humillando y creando nuevo ruido a su alrededor. Ese es su propósito, que te conviertas en ruido, que pierdas los nervios, grites y abandones tus valores.

Y eso lo consigue creando dolor, haciendo que tu dolor te obligue a chillar y a convertirte en ruido. Disfruta avasallando a la gente buena, honesta y amarilla. Y la deja silenciosa, sin motivación, triste, sin voz, pisoteada, dolorida y culpable. Todo eso es necesario para la victoria plena del ruido.

¿El ruido son personas amarillas? No, no lo son. Jamás he visto a una persona ruidosa y he pensado: «Es un amarillo». Solo es un sonido molesto que desea crisparte. Aléjate de los ruidos por mucho que te parezcan amarillos.

¿Puedes silenciar a las personas ruidosas? Sí, claro, convirtiéndote en ruido. Una persona ruidosa puede apagar a otra, pero entonces dejarás de ser amarillo.

Intentar sanar a una persona ruidosa es imposible, es un caso perdido.

Distinto es si te has convertido en ruido para luchar contra otro ruido. Entonces sí que tienes solución, porque no hubo placer. Fue en defensa propia, puedes revertirte, y te aconsejo que lo hagas rápidamente: abandona la relación con esa persona ruidosa que te convirtió en ruido, y vuelve a ser un amarillo.

Nunca he dejado que una persona ruidosa pueda conmigo. Es imposible evitarlas, porque te las encuentras o te buscan. Siempre te harán un poco de daño, te ensordecerán y acabarás algo débil. Pero con la práctica lograrás verlas venir y sortearlas. Cuando aceptas que no es una persona, sino ruido, todo cambia, porque el ruido se puede ignorar.

Sé que muchos de los que me leéis estáis ahora hundidos, deprimidos o tocados por ruidos que os han avasallado. Otros habéis tenido que convertiros en ruido para contrarrestarlos. Todo se soluciona al saber que no han sido personas, sino ruido, lo que os ha afectado. Volved al mundo amarillo; ese mundo no os fallará jamás. Además, muchas veces uno de vuestros amarillos os librará de ese ruido. Dejadlo actuar para que os ayude a salir de ese pozo.

¿Y cuál es el castigo para esos que emiten ruido? No, amigos amarillos, no suele haber castigo para los lobos ruidosos, pero sí pueden recibir algo peor: nuestro desprecio y nuestra absoluta tranquilidad. Y además existe un arma perfecta: explicarles a otros que esa persona es ruido molesto y nocivo, avisar a otros de la existencia de los ruidos. Y es que la luz amarilla atrae a muchos lobos ruidosos. Cuanta más luz irradies, más ruido se acercará a ti.

Jamás podrás saber si alguien es ruidoso cuando busques amarillos. No es algo que se vea a simple vista o que se vaya proclamando a los cuatro vientos. Hay gente que parece maravillosamente amarilla, pero con el tiempo te das cuenta de que su ruido te inunda y que has de apartarte de ellos.

Los llamo «ruido», pero también «lobos», son sinónimos, como te he contado en otro capítulo, porque devoran tu luminosidad amarilla. Los lobos son los ruidos más terribles. Intentarán destruir el concepto «amarillo», pero no debes dejar que lo hagan. Apártalos de tu vida y continúa en tu senda.

Todo el mundo tiene lobos y ruidos cerca, y de la misma manera que tiene que acercar amarillos, ha de alejar a estos seres de su vida.

Lo sé, no es un capítulo agradable, pero me he sentido obligado a contarte sobre este tema porque es posible que en algún momento descubras que cierta persona que creías que era un amarillo en realidad es un ruido o un lobo y no sepas cómo reaccionar.

Quizá tengas la suerte de sortear ruidos y lobos. Ojalá, pero, si no es así, recuerda que existen y que puedes expulsarlos de tu vida.

Y si no lograste sortearlos y te hicieron daño, en el siguiente capítulo te ofreceré un arma infalible para que sigas siendo tú mismo.

ÁMATE AMARILLO.
AMA TU CAOS,
AMA TU DIFERENCIA
Y AMA AQUELLO QUE TE HACE ÚNICO

No quería dejar de recordarte algo que ya sabrás: a la hora de buscar un amarillo hay que querer sobre todo al amarillo principal. Tú eres tu mejor amarillo y debes estar a gusto contigo. Es importante cuidar al que vive en tu interior porque de él nace todo. No lo olvides, eres tu principal amarillo y la fuente de tus trazas. Si no estás bien o no te sientes a gusto contigo mismo, difícilmente el mundo podrá encontrarlas.

Es casi imposible lograr amarillos si no te amas como amarillo. Si no hay en ti esa pasión, jamás encontrarás a otros. Debes esplender.

Hay un concepto que siempre utilizo:

AMA TU CAOS,
AMA TU DIFERENCIA
Y AMA AQUELLO QUE TE HACE ÚNICO.

Solo amando tu caos amarillo, aquello que te hace único, tus trazas, podrás amar las de otros y su caos. Apareció en *El mundo azul* y en *Vuelve a amar tu caos y el roce de vivir*. Nunca lo había relacionado con *El mundo amarillo*, pero para mí son las dos caras del mismo principio, y ya tocaba que los uniera para ti.

Te recuerdo que amar tu caos es amar lo que eres, aquello que te hace único y te diferencia del resto de la gente. Pueden ser cosas físicas o mentales, gustos musicales, deseos pequeños e inconfesables, sueños imposibles o preferencias sexuales.

Ama tu caos, lo que tú eres y con lo que convivirás el resto de tu vida. Mucha gente se ha tatuado esta frase. Ama tu caos. Me emociona que alguien desee tenerla en la piel, no olvidarla, verla reflejada cada día en el espejo…

Puedes mejorar tu caos, claro, puedes cambiarlo, pero habrá un momento en que te darás cuenta de que aquello con lo que convives, por mucho que desees modificarlo, es tu caos. Y en tu caos están las trazas amarillas que alguien buscará en ti.

Eso que te parece tan diferente es lo que alguien amará cuando te encuentre, y esa seña te dará mucha felicidad. Si no lo muestras, quizá a tus amarillos les cueste encontrarte.

Si amas tu caos amarillo, todo te irá mejor en la vida. Te recomiendo que diariamente cierres los ojos y te digas:

«Amo mi caos,
amo mi diferencia
y amo aquello que me hace único».

Después, cuando estés con un amarillo, abrázalo fuerte y susúrrale:

«Amo tu caos,
amo tu diferencia
y amo aquello que te hace único».

No sé si te lo han contado, pero todo lo que susurras en esta vida se acaba cumpliendo. Otra cosa que quizá no te han dicho es que la gente ama como cede el paso con el coche. Es totalmente así, amas al mundo y a quienes te rodean como cedes el paso.

Pero también ten siempre presente que el roce de vivir, el encontrar dificultades en la vida, que algo no se cumpla tal como deseas, que un éxito se convierta en tu peor fracaso o el tropezarte con ruidos y lobos puede hacerte perder tu caos.

Ama tu caos amarillo a pesar del roce de vivir. El roce de vivir forma parte del juego, pero no tiene que hacerte desfallecer. El roce de vivir es aceptar el destino, lo que te ocurre, aunque no sea lo que deseas. El roce de vivir no ha de borrar tu caos ni modificarlo, forma parte de la vida.

Siempre he creído que lo importante y lo bonito en esta vida no es lograr algo —llegará un día en que aquello que hoy te parece fundamental dejará de interesarte—, sino el trayecto que has seguido y la ilusión de conseguirlo.

Que ocurra es lo de menos. Sigue amando tu caos amarillo y disfruta del trayecto. Este es mi consejo. Porque, al final, el hecho de que lo logres o no lo logres solo será una anécdota vital.

CÓMO SUPERAR LA PÉRDIDA DE AMARILLOS

Escribir este capítulo es uno de los motivos que me ha llevado a crear este libro.

Hay palabras que te curan al escribirlas. Durante años me ha escrito mucha gente para preguntarme cómo podían perdonar a alguien que les había hecho daño, ya fuera un amigo, un amante, un hermano, un padre, una madre, una pareja, un compañero de trabajo o un desconocido. ¿Cómo se perdona el dolor que te provoca alguien que ha fallado en la relación de honestidad que teníais?

Perder a amarillos por una injusticia o deslealtad genera un dolor extremo. Les has concedido un honor muy grande y te han fallado.

Es decir, cuando le propones a alguien ser su amarillo y que él sea el tuyo le estás diciendo: «Vamos a ser algo muy diferente y único que hará que el universo se mueva a otro ritmo». Y eso tiene mucho valor.

Y aunque seamos conscientes de que existen ruidos y lobos, a veces todo se destruye por una pequeña chispa o por un gran incendio.

Todo puede explotar en un segundo por una mentira, una discusión, un maltrato o un error. La razón no me importa, y a ti tampoco debería importarte: esa persona ha dejado de ser de tu confianza, ha dejado de ser tu amarillo, y sabes que jamás volverá a serlo.

Tenlo muy en cuenta: un amarillo que no se ha portado bien contigo no debe volver a ser tu amarillo. Cuando se pierde ese honor es para siempre.

Pero el tema es cómo vives con ello. Eso es difícil, y quería darle una solución.

Seguramente, de la indignación pases al odio y desees con todas tus fuerzas que alguien te diga que tienes razón, que eres quien en un juicio saldría inocente y que el otro sería el culpable, que el mundo debería saber que aquella persona era una rata en la que no se puede confiar, que el universo ha de ser justo con los buenos y castigar a los malos.

Pero la realidad es que nada de eso pasará, olvídate. Lo más probable es que a ojos de sus amigos, de sus amarillos o de sus conocidos no tengas razón. Y eso te volverá más loco y hará que crezca tu deseo de venganza.

Y ya te lo puedo decir, no es ningún espóiler: no ganarás, no obtendrás el resarcimiento que buscas con tu honor, tu venganza y tu justicia. Y no sirve de nada que vuelvas a ese instante y pienses qué deberías haber hecho o dicho. No hay brújulas perfectas que busquen felicidad, amarillos perfectos, sonrisas o perfecciones. Has de aceptar que tu instinto te falló con esa persona.

Lo que debes tener claro es que seguramente te será imposible mantener con esa persona una conversación en la que le digas todo lo que sientes, porque habrá *ghosting* o silencios.

Ya nadie quiere enfrentarse a las conversaciones

intensas o ligeras sobre el honor o el dolor de otro. Siento ser duro, pero si te hallas en este estadio de tu vida, no obtendrás nada: es un desierto. Más vale que abandones ya esa actitud de venganza y justicia.

Y me dirás: «¿Debo perdonar a ese amarillo que dejó de serlo?».

La respuesta es que no. Ese amarillo ha perdido tu confianza y jamás volverá a tenerla. Eso está clarísimo.

Y esa persona me importa nada, cero, menos que nada. Si me contaras los motivos que os llevaron a separaros, tendrías razón y te la daría. Pero eso tampoco importa. Si sigues creyendo que sí importa, estás en un grave lío: has entrado en lo que llamo la «zona febril». Cuando hablas con alguien que está ahí, que está febril por dentro, duele escucharlo. Ha abandonado su mundo amarillo, y su yo interior está perdido, enfadado y sediento de justicia.

Salir de la zona febril provocada por un contacto desafortunado con alguien que fue amarillo, amigo, familia o pareja es complicadísimo. No hace falta que sea un amarillo, puede ser cualquiera en quien hayas depositado tu confianza.

Si estás febril, debes aceptarlo: lo estás. Tienes razón, pero lo estás. Ese es el primer paso.

En esta vida has de elegir constantemente si prefieres tener razón o tranquilidad. Si estás febril, seguro que tienes razón, pero necesitas tranquilidad, volver a ser quien eras, volver a creer en el mundo amarillo, en tus otros amarillos, y olvidar a esa persona y lo que te hizo.

Pero ¿cómo consigues eso si no la perdonas, como te he aconsejado, y no la vuelves a meter en tu vida? Sobre todo si tienes que verla en tu familia, en tu trabajo o en tu día a día, si no puedes apartarte de ella porque pertenece a tu círculo cercano.

Lo que te diré te resultará difícil de creer por lo fácil que es, pero no te queda otra. En realidad, es al mismo tiempo sencillo y complicado.

1. Quiérete; primero de todo, quiérete

Dile al febril que está dentro de ti que tiene razón, que es una putada, que no hay justicia, que no habrá disculpas, que no habrá perdón, que no habrá nada de lo que ha pedido para sentirse en paz.

Ser febril por dentro te aniquila y te impide volver a ser amarillo.

Dale las gracias por defenderte, por buscar justicia, pero dile que ya está, que ya pasó. Repítele que se lo agradeces, pero que lo invitas a irse. Lo amas, ha hecho su trabajo y lo ha hecho perfecto.

Díselo con amor, díselo «*with LOVE*», como decía Michael Jackson a todo el mundo.

Con mucho amor, despide al febril de tu vida, dile que tiene razón, que ama la justicia y la equidad en este mundo, pero se trata de tu vida, de seguir, olvidar y continuar. Olvida el odio y la justicia que no llega.

Que quede claro que no hablo de perdonar delitos, violaciones o violencia física. Eso debe denunciarse y seguir el camino de la justicia. Me refiero a discusiones, puntos de vista muy alejados, falta de respuesta o de sentido común ante algo tan importante como la confianza amarilla; todo lo que sabes que no se puede perdonar porque se ha perdido algo básico entre vosotros.

Puede ser amigo o pariente, pero no será jamás amarillo. Son las reglas.

Así que dale las gracias a tu yo interior y calma a tu febril. Eso es lo primero.

2. Lo has hecho, le has dado las gracias, has invitado a marcharse a ese febril que habita en ti

Perfecto, el febril se ha ido y no puede volver porque le has dado mucho amor. Ahora viene el segundo paso: seguir, continuar, aceptar que lo que ha pasado forma parte de tu vida y no ha habido justicia. Son gajes de arriesgar, ser diferente y amar tu caos amarillo.

Sé que estarás diciendo: «¿Me doy las gracias por estar años cabreado y continúo? ¿Qué mierda de magia es esa? ¿Seguir como si no hubiera sucedido nada es el segundo paso?».

Pues sí, esa magia tan sencilla es la misma que te llevó al instante en que diste poder a esa persona para que construyera tu febril, y te convirtió en rehén de su odio.

Ahora se trata de no darle poder en ti, agradecer a tu interior esa pasión por la justicia y el castigo, pero decirle que ya no la necesitas; volver a esplender amor amarillo y continuar.

Y lo sé, no habrá justicia, y lo sé, no habrá disculpa, y también lo sé, te habrán faltado al respeto. Lo sé.

Pero tú continuarás porque has hecho las paces con tu febril, y ese es el que lo necesitaba.

Créeme, no hace falta más. No importa que no hayas obtenido nada de lo que deseabas; lo básico es volver a ser amarillo por dentro.

3. Y ahora seguramente vengan
las dudas que intentaré resolver.
Y resolverlas también es un paso

«¿Qué hago cuando lo vea? ¿Lo odio, lo ignoro, lo amo?».

Has ganado en tu interior, y con esa paz, con esa victoria, todo saldrá sin preguntártelo. Tu paz es tu premio. Tu tranquilidad, vencer a tu febril, te hará muy fuerte.

Y si un día el amarillo que te traicionó te pide perdón, se disculpa o quiere volver, ya dependerá de ti, de lo que veas. Perdonar es un arte que necesita de dos y de un conflicto. Dependiendo de vosotros dos y de la gravedad del conflicto, todo puede ser.

«¿Y puede volver a ser mi amarillo?».

Puede, todo es posible en esta vida, aunque no lo recomiendo porque ya te falló. Me parece imposible, pero una vez me contaron un caso y no tuve duda de que era cierto porque aquellos dos amarillos eran inseparables, piedras de un mismo cristal.

«¿Y si mi febril no me escucha?».

Tú lo creaste, vive contigo. Te escuchará si le das la victoria, créeme. No has de hacer nada más que calmarlo, tú eres él. Hará lo que le pidas.

«Si es fácil salir de ese odio enorme, ¿por qué la gente no lo hace?».

Porque lo fácil es lo más complicado y porque todo necesita su tiempo. Hasta que tu odio y tu sed de justicia no sean febriles, no lo lograrás.

«¿Y qué gano?».

Como te dije, lo importante es el trayecto, lo de menos es lograrlo, y cualquier pérdida se acaba convirtiendo en una gran ganancia. Todo son experiencias, incluso convertirte en febril.

Ojalá te haya servido, lo pongas en práctica, se lo cuentes a otros y vuelvas al mundo amarillo. Te necesitamos entre nosotros.

Y si no puedes hacer nada de esto, recuerda que siempre se echa a alguien de menos, lo has de aceptar, todo el mundo echa a alguien de menos en esta vida, aunque no sea una buena persona, y si descubres a quién, entenderás el secreto y parte de su vida al instante. Acéptalo y convive con ello porque es la marca de haber vivido, y eso vale mucho porque significa que te arriesgaste en esta vida, aunque salió mal o no como esperabas. Y, como seguramente ya sabrás, nada sigue igual durante mucho tiempo y todas las personas acaban volviendo a aparecer.

INTERCAMBIAR LA VIDA CON OTRO AMARILLO

Los amarillos sirven para muchas cosas, ya lo hemos visto. Recuerda: dormir y despertar; abrazos; conversaciones profundas; hermanos cercanos, aunque tu familia te falle, y, sobre todo, algo tan importante como divertirse y reírse. Y en algunos casos hasta amor y sexo. Todo depende de ti.

Pero a veces tu vida hace aguas o tus dudas son irresolubles, es decir, no sabes qué hacer cuando no puedes resolver algo tú solo, y te da miedo tomar una decisión básica.

Obviamente, puedes acudir a tu familia, tu pareja o tus amigos para solucionarlo, pero no hay nada como un amarillo, esa persona que no te conoce tanto pero con la que te une un vínculo brutal para poner en práctica algo muy divertido y resolutivo.

Hay muchos problemas o dudas que no puedes resolver tú porque les has dado tantas vueltas que te resulta imposible identificar el camino adecuado. El que creó el problema jamás lo puede resolver.

Para poner en práctica este juego que te propongo, necesitas un gran amarillo. Sin alguien de absoluta confianza, es imposible hacerlo.

Lo aprendí en el hospital. Una chica amarilla que había intentado suicidarse un par de veces estaba ingresada en una planta por encima de la mía. Tenía quince años y no deseaba vivir más, en parte por sus problemas y en parte por la vergüenza de haber fallado en la vida y en la muerte. Yo aún no lo sabía, pero era mi amarilla.

Es terrible cuando alguien tan joven decide que quiere abandonar este mundo. Siempre he intentado ayudar a cualquiera en esa situación y, sin duda, eso tiene que ver con haber conocido a aquella chica.

Me contó que la primera vez que lo intentó, cuando obtuvo un permiso para salir del hospital, se cortó las venas, luego escribió una carta a sus padres y por último se subió a la ventana para lanzarse desde el sexto piso de su casa. Quería irse de este mundo: si el golpe no la mataba, esperaba que lo hicieran sus muñecas desangradas.

Sobre todo no quería que nadie se sintiera culpable. Por eso, cuando vio que todo estaba iniciado, escribió una nota rápida exculpatoria para que nadie se sintiera causante de su decisión.

Y lo sé, te preguntarás cómo pudo salir de esa con vida si todo estaba tan estudiado. Pues porque en el último segundo, justo cuando ella estaba a punto de saltar, apareció su hermano, la agarró y la salvó. Siempre me contaba que ese abrazo la indignó, pero más tarde reconoció que fue pura vida y que siempre estaría agradecida a su hermano y al destino, que hizo que tuviera sed a las cinco de la madrugada y fuera un chico tan rápido, fuerte y amarillo.

Cuando la conocí, aquella chica de la ventana ya no existía. Había conseguido transformarse y había guardado tanto dolor en su interior que era una maestra en la vida. Quizá esa fue la traza amarilla que me sedujo: su determinación y su fuerza.

Di con ella cuando estaba a punto de marcharse

de aquella planta y recuperar su libertad. En aquella época de su vida se sentía pletórica y segura, y fue cuando me regaló este juego que había aprendido de una doctora amarilla que había escapado de una situación parecida a la suya.

Sí, lo sé, te preguntarás cómo alguien que deseaba dejar este mundo puede enseñarte algo. Mi respuesta es que los que sufren, los que han tenido que lidiar con mucho miedo y una enorme tristeza, cuando dan el giro, cuando entienden que no es tan importante lo que les pasa sino como se enfrentan a ello, se convierten en inteligencias emocionales supremas.

Aquella tarde subí a la terraza del hospital con esa mente suprema y allí, en un lugar alto que le podría recordar momentos complicados, me habló de controlar la vida de otro.

Me lo contó como si fuera un juego. Me preguntó si alguna vez había jugado a ponerme en la piel de otra persona y si quería ponerme en la suya. Le respondí que no sabía de qué me hablaba y me explicó este fantástico juego que espero recordar tal como me lo relató:

«Mira, la idea es vivir dos vidas, que otro te cubra el karma durante una semana. Se trata de que confíes tanto en mí como para prestarme tu vida. No la utilizaré para hacerte daño ni haré nada que te dé vergüenza o vaya en contra de tu esencia. Solo te pido que confíes en mí, que durante siete días tome yo las decisiones importantes que necesites.

»Es poner tu vida en manos de otro, sentir la piel del otro sobre la tuya. Pero, para que sea justo, yo haré lo mismo: pondré mi vida en tus manos y tú tomarás mis decisiones.

»Lo bello de este juego es que lo puedes hacer tantas veces como necesites cuando tus impulsos no sirvan para solucionar situaciones enquistadas.

»Recuerda que pocas veces la mente que ha originado los problemas puede ser la misma que los solucione.

»Se trata de confiar y dar tu yo más débil a alguien que sabes que no lo lastimará. Dejar que tus miedos circulen sin ancla, y expresar tus dudas jamás conocidas a otro para que esa persona tome tus decisiones».

Y cuánta razón tenía aquella chica mágica con la que subí a la terraza del hospital. Fue una amarilla inolvidable que me dio el regalo más grande que puedes compartir con otro amarillo: darle tu vida para que lo decida todo durante una semana y que él te preste la suya para que hagas lo mismo.

Durante aquellos siete días, ella tomó mis decisiones, y la verdad es que fueron muy acertadas. Yo, como era novato en este juego, no tomé tantas en su vida, pero fue interesante sentir el alma de otra persona dentro de mí.

Sentí, como me dijo, que tenía otra vida en mis manos, en ese caso, una reconstruida a base de inteligencia, y decidí que el resto de mi existencia intentaría conocer a amarillos que me prestasen su vida y a los que yo les prestara la mía.

A los pocos días, ella se fue de aquel hospital. Me la encontré años más tarde. No era necesario mantener el contacto; seguía siendo muy inteligente, y en las cicatrices de sus muñecas vi que llevaba tatuados muchos nombres. Me explicó que se tatuaba los nombres de las segundas vidas que había tenido por unos días.

Mi nombre estaba allí, y sentí que aquel juego le servía para curar sus heridas y evitar que otros tomasen malas decisiones. Había encontrado a muchos amarillos a los que había ayudado a mejorar.

Así que deseo que encuentres amarillos inteligentes y emotivos con los que puedas usar este maravilloso juego confiando en las decisiones de otro.

Vivir a través de la mente de otro es muy placentero cuando confías en el amarillo que forma parte de ti. Es como ver tu vida con sus ojos.

Tan solo dale todos los datos de tus problemas, comunícale las soluciones que has pensado y deja que esa persona decida qué haría.

No pienses en tus emociones o en lo que implicará en tu vida seguir decisiones que hayan tomado otros. Si te fías de ese amarillo, si armoniza contigo, hazlo y descubrirás que tu vida coge otro rumbo y que el problema desaparece porque lo ha solucionado una segunda mente.

Pero a cambio tendrás que hacer lo mismo con sus decisiones y miedos.

Creo que encontrar a ese amarillo que quiera jugar para tener una segunda vida es uno de los grandes premios con los que te recompensa el universo.

No todos los amarillos servirán, pero no dejes de ponerlo en práctica. Durante una semana, su vida será tuya y tu vida será suya. Tus problemas se disiparán gracias a la confianza amarilla.

LA MUERTE AMARILLA

No quería dejar de hablar de este tema. Es duro pero necesario. La muerte de un amarillo provoca un dolor gigantesco que necesitará dieciocho meses, como mínimo, para ser superado. No hay más, no hay ningún tipo de atajo, por mucho que quieras acortarlo. Perder un amarillo en vida es muy duro.

Si aprendes a morir, aprendes a vivir. En este capítulo intentaré enseñarte a morir para vivir. No es una ciencia exacta, y necesitará de ti para que comprendas todo lo que te quiero contar.

Me gustaría hablarte de un amigo mío, Ian, la primera persona a la que vi morir en mi vida. Tenía un cáncer terminal, y no quería que yo avisara a sus padres si moría después de las doce de la noche porque, en los hospitales, si mueres a esa hora, se desata una auténtica locura: comienzan a llegar médicos de otras plantas, enfermeras de guardia y, sobre todo, despiertan a todos los enfermos.

Yo tenía trece años y él catorce el día que me pidió, emocionado, que si moría después de las doce de la noche, una vez que me hubiera cerciorado de que estaba muerto, sobre todo no llamase a nadie. No deseaba que se crease ese terrible sonido que despertaría a todo el mundo, que se lo llevasen rápidamente a la morgue del hospital y que sus padres, cuando llegaran, se encontraran una cama vacía donde todavía se distinguiera la forma de su cuerpo hundido en el colchón.

Además, habrían llegado corriendo, sin dormir, y hasta las nueve de la mañana no podrían recibir apoyo, ni hablar con la gente del tanatorio para iniciar los trámites ni avisar a sus conocidos, amarillos y amigos para que los consolaran.

Era un chico muy listo y empático, por eso me pidió que no despertase a nadie si moría. Debía esperar hasta las nueve de la mañana.

Por supuesto, aquel compañero de habitación y

yo éramos amarillos, aunque yo aún no conocía el concepto. Para mí, era mi mejor amigo, y estaba seguro de que él sobreviviría.

Deseaba con todas mis fuerzas que jamás muriese y, si lo hacía, que no fuese en el horario en el que me tocaría actuar. Pero el destino me reservaba ese trabajo.

Un miércoles a las doce y media de la noche dejó de respirar. Dio como una última calada profunda de aire a este mundo y se fue. Cuando me volví, me di cuenta al instante de que se había marchado.

Miré rápidamente la hora. Maldije mi mala suerte e intenté con todas mis fuerzas reanimarlo. Nos habían enseñado a hacerlo, pero al instante supe que no había remedio. Estaba muerto.

Por unos minutos dudé de si incumplir mi promesa y llamar a las enfermeras. Pero, si no lo hacía, ¿qué clase de amarillo sería? Era lo único que me había pedido mi amigo, y me había dado tanto… Él me había enseñado todos los trucos para luchar contra el cáncer.

Lo tuve claro, hice todo lo que me había pedido: no ponerme nervioso, tumbarme en su cama, cogerle la mano y hablarle.

Él siempre decía que lo último que se pierde es el oído, que, aunque mueras, sigues oyendo lo que se dice a tu alrededor y lo que te dicen. Por eso la gente debería tener cuidado en el tanatorio: el muerto puede oír los halagos y los comentarios negativos.

Y todo eso me lo explicó para que supiese que él oiría todo lo que le contase aquella noche. No sería un monólogo o hablarle al aire, sino que al otro lado de la cama estaría él escuchándome.

Y así lo hice. Y te aseguro que nunca he disfrutado tanto con una conversación.

Durante casi ocho horas, estuve contándole mis miedos más profundos, mis deseos más escondidos e historias que nadie conocía. Y sentí que nadie me había escuchado como lo hacía él. Sí, claro, estaba muerto, pero estoy seguro de que me oía y me acompañaba en aquella conversación.

Su cuerpo tardó en enfriarse, y no le solté la mano en ningún momento.

Cuando amaneció, llamé a las enfermeras. No hubo locura, no hubo carritos a toda velocidad por los pasillos, no despertaron a nadie de repente. Sus padres llegaron descansados y desayunados, y lo vieron en su cama porque no se lo llevaron con prisas a la morgue.

Sentí que aquel amarillo me había dado la oportunidad de aprender a morir para aprender a vivir.

Nunca he tenido miedo a un cadáver y nunca he tenido prisa por llamar a una funeraria para que se lo lleven.

La gente cree que cuando alguien muere, el cuerpo del fallecido ha de abandonar rápidamente la casa porque puede infectarlo todo, pero no hay motivo para tanta prisa ni la causa de la muerte se te contagiará de inmediato.

Deberías tener la posibilidad de abrazarlo, cogerle la mano, quedarte con él el tiempo que requieras y decirle la frase final que necesites conservar en tu alma.

Lávalo si es lo que deseas; vístelo si lo necesitas; incluso perfúmalo. Ninguna ley te lo prohíbe.

Como si deseas hacer el velatorio en casa. No va en contra de la ley, y te puede servir para despedirte con calma y sin tener tanto dolor acumulado por la yincana de las actividades funerarias.

Te cuento todo esto porque deseo que entiendas que morir no es triste, lo triste es no vivir intensamente.

Y porque cuando se muere alguien importante —un amarillo, un familiar, un amigo o una pareja— tendemos a retirar su cuerpo de nuestro lado. Pero si tienes la posibilidad de verlo morir, experimentarás un instante único que te anclará para siempre en la vida.

Para mí, lo que te ayuda a prepararte para la muerte de un amarillo es saber que su fuerza se repartirá entre todos los que lo habéis amado. Dividir la vida para multiplicarla dentro de ti. Al final, tendrás amarillos que acompañarán al que vive dentro de ti.

Su pérdida —sobre todo si era un cascabel, una

perla, un trozo de un mismo cristal, un voleador o un diamante— te puede llevar a la tristeza o a la depresión.

Intenta no llegar al pozo y caer en él. Debes tener la posibilidad de pasar un buen duelo, despedirte de él en vida, entender que preguntarte por qué solo lleva a la tristeza y a la depresión y, sobre todo, recordar que su luz amarilla está dentro de ti para iluminar este mundo. Sus trazas se juntarán con las tuyas, serás más valiente y tu caos se agrandará.

Tus amarillos seguirán siéndolo después de muertos, porque no me cabe duda de que, como mi amigo, te oirán y te escucharán durante largo tiempo.

Tuve una amarilla mayor, una vecina que me regaló su sonotone antes de morir, y a veces me lo pongo y siento que la oigo y que sigue en mí, a mi lado, amando nuestro caos e iluminando nuestro mundo amarillo.

Cuando pierdas un amarillo, no intentes reemplazarlo. Consérvalo siempre a tu lado y no caigas en ningún pozo. Te sigue acompañando.

Ojalá te sirva todo esto y superes la pérdida de tu amarillo. Si puedo ayudarte, escríbeme a albert19@telefonica.net.

Siempre te ayudaré, amarillo, siempre.

BATERÍA RÁPIDA DE PREGUNTAS AMARILLAS

Seguramente te hayan quedado cientos de dudas y, como en cualquier buen manual, me gustaría resolverte unas cuantas. Está claro que no lograré quitártelas todas de la cabeza, pero lo intentaré.

Muchas de estas cuestiones me han ido llegando por e-mail a lo largo de los años, así que ojalá te ayuden si tienes alguna incertidumbre parecida dentro de ti.

Pero, como no me canso de repetir, nunca hay una única solución. El mundo amarillo lo creas tú, y también sus reglas y sus límites. Al final serás tú quien resolverás tus dudas.

1. ¿Puede un familiar ser amarillo?

Claro que sí.

Los hermanos son nuestros primeros posibles amarillos y los principales candidatos. De pequeños, cuando compartís habitación, os veis dormir y despertar. Si sois cercanos, os abrazáis, os acariciáis. Sí, los hermanos pueden ser amarillos.

En el caso de padres y madres también es posible. Es menos probable, es cierto, sin embargo me parece factible. La diferencia de edad nunca es un inconveniente. Tu amarillo puede doblarte o triplicarte la edad sin problema. Y ahí también entran los abuelos y otros familiares.

Recuerda que cualquier persona es susceptible de ser amarillo. Abre tu mente y déjate llevar, pero sobre todo utiliza las trazas amarillas y encuéntralos.

Has de saber que los amarillos te ayudarán a no tener preocupaciones, son ese cerebro suplementario que te ayuda y te aconseja donde tu no llegas.

Siempre he creído que tener preocupaciones es como ver un montón de abejas zumbando alrededor de la otra persona; hasta oigo ese sonido.

Tener amarillos es como si esas abejas estuvieran dentro de ti sanándote, polinizando tu corazón y creando ese néctar amarillo. Ya te lo dije, tener amarillos es como poseer un alma amarilla prestada en tu interior, esas «almarillas» de las que te hablaba.

Es importante ese *be yellow*, pero también ese *bee yellow*. Ambos lemas definen a las almas amarillas.

2. ¿Los amarillos pueden transformarse en amigos o en una relación de amor o sexo?

Todo puede transformarse, es ley de vida. No poner freno es importante.

Yo lo denomino «perder color» o «intensificar el color». A veces se vuelven amarillo débil y se transforman en amigos. A veces cogen un tono naranja y se convierten en amantes o en amores.

Tú y tu amarillo decidiréis lo que queréis ser.

Lo que está claro es que luego no hay marcha atrás. Cuando el amarillo se intensifica o se decolora, nunca vuelve a ser amarillo. Así que piénsalo bien.

La decisión de tener o no tener sexo entre amarillos solo depende de ellos. Los amarillos no tienen fronteras, y no dejarían de ser amarillos por tener sexo entre ellos. Cada par de amarillos decide su futuro.

Creo que sería bello practicar autopsias sexuales en vida. Ojalá existieran: notarías que a partes de tu cuerpo que jamás han sido tocadas o acariciadas les dan amor o cariño.

Cuando morimos, los médicos ven qué falló en nuestro organismo para que tuviera lugar ese paro cardiaco o esa insuficiencia respiratoria. Y sería bello que, en vida, cuando creemos que estamos perfectos, un amarillo viniera y nos dijese qué parte de nuestro cuerpo está muerta en vida.

Quizá nadie le ha dado nunca amor a una zona particular de nuestro rostro o de nuestro brazo o de nuestra pierna.

Creo que es algo interesante probar esas autopsias entre amarillos. Siempre digo que los amarillos son grados: hay amarillos de minutos, amarillos de conversaciones en aeropuertos, amarillos de horas, amarillos de grandes noches en las que les abres el corazón, y amarillos intensos, casi perlas, con los que puedes incluso hacerte una autopsia en vida o practicar sexo.

Pero, para mí, lo principal de los amarillos es amar y ya. Eso es lo fundamental, que te acaricien y te den amor. El resto depende de ti. Depende de vosotros. Depende del instante.

3. ¿Y si descubro que alguien
   es mi amarillo, pero esa persona
   no cree en los amarillos?
   ¿Debo decírselo?

Bueno, los amarillos son cosa de dos. Con esto quiero decir que tú eres amarillo de alguien si esa persona es tu amarillo. No puedes obligar a nadie a que sea tu amarillo ni a que crea en el concepto de los amarillos.

No es posible que alguien sea tu amarillo y tú no signifiques nada para él; la relación debe ser necesariamente biyectiva. O los dos sois amarillos o no lo sois. Puede ser tu deseo. Y ser un amarillo deseado es interesante.

También puede ocurrir que alguien crea en los amarillos pero no quiera ser tu amarillo. En ese caso, debes dejar que se marche, olvidarlo, quizá no era el momento de tener a ese amarillo. Recuerda: todo lo que podríamos haber sido tú y yo si no fuéramos tú y yo.

En la vida hay que saber decir «no» y saber aceptar los «no». Ya vendrán otros tiempos. Ese «Si tú me dices ven, lo dejo todo, pero dime ven…». Aunque también puede pasar que, cuando te lo diga, ya no lo desees.

O quizá te equivocaste y no era un amarillo. O tal vez dentro de un par de años se convierta en tu mejor amarillo. Jamás tengas prisa por conquistar a un amarillo. Necesita su tiempo.

No sufras si no logras que alguien quiera ser tu amarillo. O no lo es o aún no ha llegado el momento de que se convierta en una pieza angular de tu vida.

4. ¿De qué se habla con un amarillo?

Cada persona hablará de lo que quiera con su amarillo. Es un campo abierto y libre. No tienen por qué ser temas profundos, pueden ser conversaciones banales que harán que te sientas muy bien.

La necesidad de encontrar un amarillo no es para tener conversaciones complicadas que arreglen el mundo o tu mundo. Los amarillos armonizan tu lucha interna y te dan paz; dan sentido a tu vida.

Tampoco he querido hablar mucho sobre ello para no condicionarte, para que no pienses que te hace falta hablar sobre ningún tema determinado. Los temas surgirán, no te preocupes, vienen con los amarillos. Si es tu amarillo, no necesitas preocuparte por eso: tendréis de qué hablar y vuestras conversaciones serán únicas.

Creo que todo el mundo cuenta con un círculo de personas con las que puede hablar de todo, con las que se siente bien y a las que le une algo especial. Son ejemplos de amigos que deberían convertirse en amarillos inmediatamente.

El goce máximo con un amarillo es ese cambiarse la vida que te he contado, y sobre todo encontrarás placer en esos amarillos de horas o días porque, de alguna manera, te vacías con ellos y te dan soluciones que no esperabas.

Para mí, lo ideal es la mezcla entre amarillos de corta duración y otros de contacto frecuente. Es perfecta porque le sacas todo el jugo al concepto de «ser amarillo».

5. Si soy un chico, ¿tendré más amarillos chicos o chicas?

No es cuestión de género ni de sexo; nada en la vida es cuestión de sexo, como ya te he dicho. Supongo que tendrás amarillos chicos y amarillos chicas. La belleza de la que hablo no está relacionada con la sexualidad, sino con detalles o marcas que descubres y no comprendes a simple vista.

Habrá un poco de todo, como con las edades. Puedes tener amarillos jóvenes y amarillos que te tripliquen la edad.

Creo que lo más bello de este siglo es que no hay fronteras mentales, y por eso no hay que pensar en géneros, ni en sexos ni en inclinaciones sexuales.

Los amarillos son libertad en todos los aspectos.

6. ¿Y si alguien finge que soy su amarillo, pero en realidad busca caricias, abrazos y dormir conmigo?

Siempre que creas un concepto, alguien lo pervierte o lo modifica. Somos nosotros los que utilizaremos el concepto «amarillo» y los que debemos saber usarlo y detectar irregularidades.

Así que la respuesta es que, si lo descubres, te darás cuenta de que va en contra de todo lo que significa el concepto «amarillo» y sabrás qué hacer.

Obviamente, fingir ser amarillo de alguien me parece muy mezquino. Pero lo mismo ocurre con fingir ser amigo de alguien. En este mundo siempre hay intereses. Si ocurre, creo que harás como yo: apartarlo de tu vida. Y espero que el perdón para tu yo interior febril que te he enseñado te sirva para no odiar y seguir siendo amarillo.

7. ¿Y si no sé hacer la lista de trazas amarillas? ¿Y si no tengo amarillos o no los encuentro? ¿Puede pasar?

Puede que en la época en la que te encuentras no los necesites, y, si no los necesitas, quizá no des con las marcas. Los amarillos tienen que ver contigo y con lo que necesitas en cada momento de tu vida.

Date tiempo, no es algo que debas conseguir en media hora. Te puede llevar incluso un año encontrar a tu primer amarillo, y quizá falles al principio.

No te obsesiones, seguramente alguien de tu círculo será tu primer amarillo. Puedes utilizar el *quick start* amarillo o dejarte llevar por tu instinto.

No tengas prisa, no es una competición. Quizá en toda tu vida encuentres a tres amarillos y cada uno sea importante en tu crecimiento. Nunca he pensado que debamos acapararlos o lograrlos con rapidez.

8. ¿Debo contarle a un amarillo qué marca me ha llevado hasta él?

No. Pienso que cada uno debe mantener sus marcas en secreto. Creo que es algo que no debe hacerse público. Me da la impresión de que entonces perderían su valor. Valora el esfuerzo invertido en encontrar las marcas. Debe ser tuyo, propio y privado.

Puedes contárselo a otro amarillo, si lo necesitas, pero dudo de que sea así. Lo de menos es lo que te llevó hasta él, lo bello es que forma parte de tu mundo.

Además, tus marcas amarillas son intransferibles. Aunque hablases de ellas a otras personas, ¿de qué les servirían si son solo tuyas?

Las marcas amarillas forman parte de tu caos, de eso que te diferencia de otras personas. Existe el caos interno, lo que tú eres y lo que te hace único, y el caos que proyectas en el deseo hacia tus amarillos. Esas trazas que tú ves únicas nacen de tu propio caos y de tu forma de ver el mundo.

Cuanto más ames tu caos, tu diferencia, lo que te hace único, mejores trazas obtendrás para encontrar a esos amarillos que harán tu caos más intenso y más único.

9. ¿Debo preguntarle a alguien si quiere ser mi amarillo o puedo saber que es mi amarillo y no decirle nada?

No hace falta preguntar siempre a alguien si quiere ser tu amarillo. Puedes seguir haciendo como hasta ahora: conocer amarillos y no volver a verlos. Lo bueno es que ahora sabes que esa persona es un amarillo. Te hará feliz saber que está en tu mundo.

Es decir, puedes tener amarillos y, si te sientes más cómodo, no decirles que lo son. Para mí es más bello compartirlo, pero si tú prefieres no hacerlo, no lo hagas.

10. ¿Puedo presentar a dos amarillos? ¿Pueden ser amarillos entre ellos?

Claro que puedes presentarlos. Eso es genial. Es bello compartir personas buenas, pero eso no significa que lleguen a ser amarillos entre ellos.

Las nueve o diez marcas que te hicieron pensar que esa otra persona era tu amarillo no serán las mismas que llevaron al otro a pensar que tú eras el suyo.

Solo en el caso de las piedras de un mismo cristal es interesante hacerlo, porque, al fin y al cabo, son idénticos. Automáticamente, serán amarillos y piedras del mismo cristal entre ellos.

11. ¿Y qué pasa con los amigos?
    ¿Son de segunda división?
    ¿Y la pareja?

Ni mucho menos. Lo repito: los amigos están ahí, pero algunos evolucionan y se convierten en amarillos. Es como si hubiera otro escalafón, pero seguirás teniendo amigos tradicionales a los que debes cuidar.

Lo mismo pasa con tu pareja y con las personas con las que mantienes una relación sexual. Siguen siendo importantes, pero deben saber que tendrán que compartir tus caricias y abrazos con otra gente.

En tu vida hay espacio para todos. Cada uno sirve para algo diferente y te aportará valores que te darán paz y energía.

Y es que, aunque no te lo creas, en tu vida puedes tener muchas vidas a la vez. Puedes ser el que enseña a amar, al que enseñan a perdonar, el que tiene miedo a la oscuridad, el valiente que salva a alguien del *bullying*, el que se pierde, al que encuentran... Son infinitas vidas, y para ellas necesitas amarillos, amigos, parejas o familia. Almas amarillas que polinizarán tu corazón y tu alma creando tu felicidad y el néctar que hará que no dejes de aprender y sonreír.

12. ¿Y si mi pareja no entiende que tenga amarillos?

Todo cambio resulta complicado. Los celos son normales.

¿Cómo aceptar que la persona a la que amas duerma con otras personas? Pues comprendiendo el concepto y lo que significa.

Regálale este libro y comparte sus amarillos. Si no, todo se convertirá en un gran marrón entre vosotros.

Siempre he pensado que todo el mundo es comprensivo cuando ama. No hay más: amar y ya. Eso es la vida.

Y añadiría amar tu caos, amar tu diferencia y amar lo que te hace único. El tuyo y el de tus amarillos.

Si quieres mucho, ama; no hay más.

13. ¿Es mejor encontrar amarillos o que te encuentren ellos a ti?

Yo diría que ambas cosas. Es muy bello y halagador que alguien quiera ser tu amarillo. Te tocará a ti decidir si la otra persona también lo es para ti.

Personalmente, me gusta mucho encontrar amarillos porque requiere esfuerzo y observación, pero cuando alguien te busca y se te ofrece también emociona mucho.

Lo ideal, como todo en la vida, es tener ambos tipos de amarillos: los que lograste y los que te encontraron. Y de corta y de larga duración. La mezcla es lo perfecto.

Es como poseer almas amarillas que te acarician el alma levemente y otras que te polinizan y crean un néctar duradero. Ambas son necesarias, pequeños zumbidos que aletean en momentos complicados, y otras más intensas que te enriquecen. Ninguna es mejor que otra, pero ambas son necesarias; algunas son *be yellow* y otras son *bee yellow*.

14. ¿Puede ser mi amarillo un animal, una película, un cuadro, un libro?

Pues sí. Si lo necesitas, un amarillo puede ser inanimado o puede ser tu mascota casi humana.

De nuevo, esta es una de las preguntas que más me habéis hecho, y no tengo dudas de que puedes tener animales amarillos, cuadros amarillos, libros amarillos... Te dan algo que no te aportan los humanos y te hacen sentir igual de bien.

Cualquier persona, animal u objeto que te dé felicidad y que esplenda puede ser tu amarillo. Estoy seguro de que ese perro o ese gato que te hace tanta compañía es tu amarillo.

Y también ese tango que te da energía, ese cuadro que no puedes parar de mirar en ese museo, esa escultura que te fascina o ese libro que te cura porque es salvaheridas amarillo.

Incluso esos trocitos de cielo, esos lugares que te han visto nacer y vivir. Cuando miras arriba, ese trozo de cielo te pertenece y es amarillo; es totalmente tuyo.

Cualquier cosa que produzca vida dentro de ti, y te conecte y te dé vida, es amarilla.

15. ¿Puedo tener más de veintitrés amarillos?

Claro, puedes tener los que desees. Para mí, veintitrés es el número ideal, pero si estás dotado para tener más, adelante.

No hay problema, pero no pierdas de vista que ser amarillo es un privilegio. Si tienes muchos, quizá la cosa se convierta en algo que se te escape de las manos.

Lo ideal son veintitrés, como te he explicado,

pero si te ves capaz de tener más, adelante, no hay reglas. Ya lo sabes.

Seguramente te quedarán más dudas. Por favor, escríbeme o contacta conmigo por las redes. Prometo resolverlas e intentaré incluirlas en este apartado en próximas ediciones.

Llegados a este punto, creo que conviene hacer una última definición de qué es un amarillo, y pienso que tiene que ser muy larga.

ÚLTIMA DEFINICIÓN DE LOS AMARILLOS

Para un amarillo muy especial

Gracias por ser fiel a nuestra cita anual. Deseo que ames tu caos junto a tus amarillos, que consigas que ninguna grieta fucsia te separe de la felicidad y que detectes y domes tus *esclavirtudes*.

Como en *El mundo amarillo*, al final de este libro dejaré unas páginas en blanco para que las uses como quieras. En la última tienes el libro firmado: «Para un amarillo muy especial». Regálalo a quien desees.

Te quiero, amarillo. Si necesitas releer *El mundo amarillo*, disfrútalo. Allí descubrirás otro montón de enseñanzas, todo lo que aprendí en mi lucha contra el cáncer y que me sirve para la vida real, repleto de la esencia de la vida amarilla: amar y ya.

Albert Espinosa
Febrero de 2025

Epílogo

Aquí tienes toda mi sabiduría sobre los amarillos, no me queda más que enseñarte.

De ti depende ahora hacerlo tuyo, modificar lo necesario y, sobre todo, encontrar a tus amarillos para que puedas llevar una vida mejor y más equilibrada.

Gracias por seguir aquí y llegar hasta el final. Ojalá algún día te acerques a mí para que te firme en esta página y me digas: «¿Quieres ser mi amarillo?».

La respuesta siempre será sí.

Nos vemos en marzo de 2026 con una novela muy especial que he escrito en paralelo a este libro. Creo que te encantará porque hace años que te la debía.

Con un amarillo te une un hilo de un color intenso e invisible que nadie puede cortar. Lo que los demás no entienden no lo pueden destruir.

No hay reglas. Déjate llevar y sentir. Cualquier decisión que tomes será la correcta.

Es AMAR Y YA.

corporal... Detalles que el universo te proporcionará para que encuentres a tus amarillos.

Son personas que siempre están emocionalmente cerca pero no necesitan ser regados a diario ni tener un vínculo de amor, amistad o familia, aunque pueden serlo todo a la vez.

Los amarillos escuchan como nadie y abrazan de una manera especial. Sientes como si alguien hubiera creado esas personas tan especiales para ti, para que puedas superar tus pequeños miedos.

Ser el amarillo de otra persona es uno de esos grandes honores de la vida, porque te está concediendo una categoría especial y limitada.

Los amarillos también definen tu personalidad, son una prolongación de cómo ves el mundo. Si tienes amarillos, sin duda cuentas con salvaheridas emocionales al alcance de la mano y todo te será más fácil para curarte cuando lo necesites.

No hay fidelidad, no hay amistad, no hay sexo, no hay compromiso, pero un amarillo lo contiene todo: amistad, fidelidad, sexo y compromiso.

AMARILLO: Son el nuevo eslabón de la amistad. Los amarillos son los mejores salvaheridas. Si tienes uno cerca, tu mundo será mucho más sencillo y tu dolor encontrará rápidamente la sanación. Los amarillos son esas personas entre el amor y la amistad que conoces un día cualquiera en un aeropuerto, en la calle, en un bar, en internet, y con los que conectas automáticamente. Los puedes abrazar y acariciar porque el contacto físico no tiene por qué ser algo único de la pareja.

Hay veintitrés amarillos en la vida de una persona. Las trazas amarillas te ayudarán a darte cuenta de que estás delante de uno de esos seres de luz: ese detalle físico, ese color de piel, esa forma de pasar las páginas de un libro, ese olor que no proviene de ningún perfume sino de su alma o de su temperatura